SEGUNDA GUERRA MUNDIAL

As Grandes Batalhas

CHRIS BISHOP & CHRIS MCNAB

SEGUNDA GUERRA MUNDIAL

As Grandes Batalhas

TRADUÇÃO
Tatiana Napoli

VOLUME 3
A GUERRA NO PACÍFICO

Lafonte
2022

Título original: Campaigns of world war II : day by day

Edição Brasileira

Direção Editorial *Sandro Aloísio*
Tradução *Tatiana Napoli*
Revisão *Roberson Mello e Ciro Mioranza*
Diagramação *Jéssica Diniz*
Capa *Marcos Sousa*
Imagens de Capa *Shutterstock*

Dados Internacionais de Catalogação na Publicação (CIP)
(Câmara Brasileira do Livro, SP, Brasil)

Bishop, Chris
Segunda Guerra Mundial : as grandes batalhas : volume 3 : a guerra no pacífico / Chris Bishop & Chris McNab ; tradução Tatiana Napoli. -- São Paulo : Lafonte, 2022.

Título original: Campaigns of world war II : day by day
ISBN 978-65-5870-266-5

1. Guerra Mundial, 1941-1945 - Cronológica 2. Guerra Mundial, 1941-1945 - Pacífico I. McNab, Chris. II. Título.

22-107580 CDD-940.54

Índices para catálogo sistemático:

1. Guerra Mundial : 1941-1945 : Cronologia : História 940.54

Cibele Maria Dias - Bibliotecária - CRB-8/9427

2003 Amber Books Ltd
Projeto Editorial: Mariano Kalfors / Charlotte Berman
Design: Graham Curd

Créditos das Fotografias

TRH: 12r, 12h, 13, 16, 20t, 21, 24t, 25, 29, 32t, 32b, 36, 37, 40r, 40b, 41, 44t, 44b, 45, 49t, 52t, 53, 56b, 60, 61b, 64t, 64b, 65, 68t, 69t, 72, 76, 81, 88, 92t, 97, 105, 108, 109, 112t, 113, 116b, 117, 120b, 124, 125t, 125b, 128, 140b, 144, 145,148, 152t, 152b, 153, 156, 157, 160t, 160b, 164, 165t, 168t, 168b, 170, 176t, 176b, 177, 186t, 186b, 191t, 194, 195, 196, 197, 206r, 206b, 207, 210t, 214, 215, 226, 227t, 227b, 234t, 234b, 235, 239t, 239b, 242t,242h

TRH/IWM: 24b, 49b, 73t, 77, 80r, 80b, 93, 104, 129t, 132, 133, 136, 137, 156b, 238, 243

TRH/DOD/TWM: 8-9, 20b, 28b, 33, 48, 52b, 56t, 57, 61t, 68b, 69b, 73b, 89, 92b, 101, 112b, 121, 136t, 141, 149t, 78-179, 187, 191b, 198, 203, 210b, 219t, 230b, 213

TRH/US DOD: 120t

TRH/US Air Force: 129b

TRH/US Army: 85,100, 161, 165h, 183

TRH/USNA: 28t, 28b, 140t, 149b, 218, 222, 223, 230t, 231

TRH/US Navy: 17, 182b, 190, 202, 219b

TRH/USMC: 211

Editora Lafonte
Av. Profª Ida Kolb, 551, Casa Verde, CEP 02518-000, São Paulo-SP, Brasil – Tel.: (+55) 11 3855-2100
Atendimento ao leitor (+55) 11 3855-2216 / 11 3855-2213 – atendimento@editoralafonte.com.br
Venda de livros avulsos (+55) 11 3855-2216 – vendas@editoralafonte.com.br
Venda de livros no atacado (+55) 11 3855-2275 – atacado@escala.com.br

INTRODUÇÃO

Do leste europeu às estepes da Rússia e selvas do sudoeste asiático, por terra, mar e ar, a II Guerra Mundial resultou em seis anos de conflito sem precedentes.

Em *"Segunda Guerra Mundial: As Grandes Batalhas"*, Chris Bishop e Chris McNab documentam a bravura e o sacrifício, a crueldade e o terror que milhões de homens e mulheres conscritos, assim como gente comum, experimentaram e suportaram diariamente.

Esta obra de referência completa está dividida em três grandes blocos temáticos: a guerra na Europa e no norte da África, da invasão da Alemanha à Polônia, em setembro de 1939, até a queda de Berlim, em maio de 1945; os desdobramentos do conflito de 1942 a 1945; e a guerra no Pacífico, do ataque do Japão contra a base americana em Pearl Harbor, em dezembro de 1941, até a queda de Okinawa, em junho de 1945.

Todas as campanhas são descritas em detalhes e analisadas minuciosamente. Fotos em preto-e-branco e coloridas, mapas detalhados e ilustrações formam painéis evocativos e muitas vezes dolorosos da guerra.

Cronologias exaustivas mostram como a guerra progrediu de um dia para outro, começando como um conflito restrito à Europa e terminando com o uso cataclísmico de armas atômicas no Japão.

A II Grande Guerra permanece como o maior conflito militar da história. Esta obra conta a história das campanhas bélicas dia após dia durante aquela era tumultuada.

ÍNDICE

A GUERRA NO PACÍFICO

PEARL HARBOR
DIA DE INFÂMIA

No domingo de 7 de dezembro de 1941, a frota da marinha norte-americana encontrava-se tranquilamente ancorada, alheia ao fato de que 183 aviões hostis japoneses se aproximavam.

↑ O Nevada em chamas: a proteção submersa do Nevada, um couraçado modernizado da I Guerra Mundial, tinha sido aperfeiçoada, mas esse fator não ajudou muito em Pearl Harbor.

Rico em ambições, mas pobre em recursos naturais, o Japão há muito planejava a criação da chamada 'Esfera de Coprosperidade do Extremo Oriente', e a situação das potências coloniais europeias na época estimularam o país a ocupar parte da Indochina francesa em julho de 1941. Em resposta, os EUA, o Reino Unido e as Índias Orientais Holandesas estabeleceram um embargo nas exportações de petróleo que tinha potencial para incapacitar o Japão, que, nessa altura, viu a guerra como inevitável. A guerra deveria ser uma conquista rápida dos limites definidos da Esfera, seguida por uma barganha com as potências ocidentais aproveitando a demonstração de força antes que a capacidade industrial do país chegasse ao limite, obrigando os países do Ocidente a aceitar o status quo como uma condição para a paz.

AMEAÇA NO EXTREMO ORIENTE

As forças no Extremo Oriente das potências europeias em guerra tinham sido drasticamente reduzidas, com exceção da Marinha do Pacífico dos EUA, com base no Havaí, que representava uma grande ameaça e prometia reagir com virulência a qualquer violação ao território norte-americano. Ela precisava ser eliminada — o que era facilitado pelo fato de a frota ficar concentrada em Pearl Harbor. Ataques ingleses contra Oran e, principalmente, Táranto tinham confirmado os resultados de exercícios já conduzidos pelos japoneses sobre a possibilidade de causar grandes perdas com poucos danos. O Japão já tinha estabelecido em 1904 um precedente de atacar sem declaração formal de guerra. Todos os ingredientes estavam presentes para um ataque preventivo a Pearl Harbor.

O comandante-chefe da frota de guerra, Almirante Isoroku Yamamoto, confiou o ataque ao Vice-Almirante Chuichi Nagumo, com os seis maiores entre os dez porta-aviões japoneses. A força reunida podia alojar cerca de 450 aeronaves, igualmente divididas entre bombardeadores torpedos, bombardeadores de mergulho e caças. Tarefas de reconhecimento ficavam a cargo dos hidroaviões de longo alcance especialmente desenvolvidos Aichi E13A ('Jake'), transportados por couraçados de escolta e

PEARL HARBOR: VITÓRIA DO PODER AÉREO

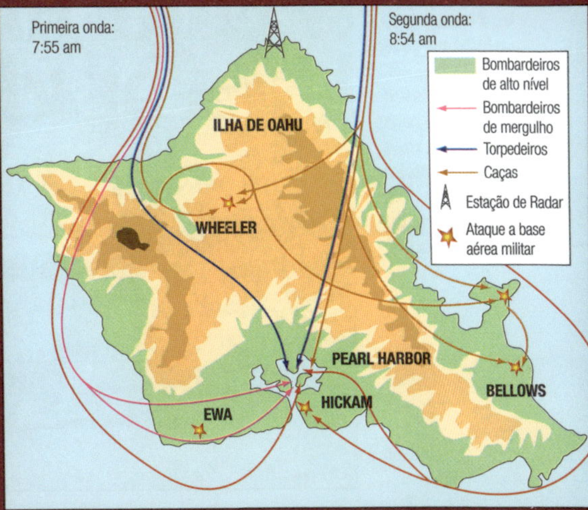

Usando uma força de 350 aviões, os japoneses lançaram duas ondas de ataques aéreos no início da manhã para devastar a frota dos EUA no Pacífico. A primeira onda, com início às 07h55, incluiu uma coleção de bombardeiros de alto nível, bombardeiros de mergulho e torpedeiros protegidos por caças, que atacaram campos aéreos, depósitos navais e remessas. A força de bombardeiros partiu do norte, movendo-se para o sul e então voltando do oeste para o leste para atacar Pearl Harbor. Essa onda foi seguida por um segundo ataque às 08h54. Dessa vez, os torpedeiros foram diretamente para Pearl Harbor, enquanto a força de caças se dividiu entre os campos aéreos militares. Nenhum bombardeiro de mergulho foi utilizado, mas uma segunda onda de bombardeiros pesados foi usada para a aproximação de Pearl Harbor. Os aviões seguiram a rota de ataque pelo sul, mas a formação se desfez pouco antes de alcançar a costa noroeste da ilha. Além das remessas, os campos aéreos de Wheeler, Bellows, Hickam e Ewa foram destruídos no ataque.

cruzadores, particularmente o Tone e o Chikuma, alterados para acomodarem seis hidroaviões cada. Dessa forma, a capacidade de ataque dos porta-aviões era consideravelmente aprimorada. Torpedos especiais de meia-água de 450 mm e 800 kg e bombas de fragmento modificadas de 356 mm eram desenvolvidos e exaustivamente testados. Ao todo, 27 submarinos, alguns carregando submarinos menores (os 'submarinos anões'), foram enviados para a área do Havaí durante novembro de 1941, mas eles estavam destinados a um pequeno papel na ação. A força de Nagumo se reuniu em segredo nos Kurils e começou a navegar em 26 de novembro. Em rápida velocidade, com tanques de abastecimento acompanhando, a força seguiu por uma rota sinuosa pelo desolado e deserto Pacífico do Norte. Encoberto pelo clima continuamente denso, o grupo chegou ao ponto de lançamento sem ser detectado, a 440 km do norte do Havaí, no domingo de 7 de dezembro.

Inicialmente, hidroaviões tinham confirmado a composição da frota americana em Pearl Harbor, avisando que nenhum navio estava presente na trajetória do grupo, mas que os alvos mais desejados, os porta-aviões norte-americanos, não estavam ancorados (dos três porta-aviões da frota americana no Pacífico, o Enterprise e o Lexington estavam no mar, levando Corpos de Exército de fuzileiros navais para as ilhas Wake e Midway, e o Saratoga estava em San Diego).

O tempo estava tão ruim que Nagumo começou o ataque mais cedo que o previsto, às 05h30min, com 51 bombardeiros de mergulho, 49 bombardeiros de alto nível, 40 torpedeiros e 43 caças levantando voo e assumindo a formação às 06h15min. Esse início adiantado inadvertidamente fez com que o ataque começasse antes da declaração de guerra, em vez de 30 minutos depois, como tinha sido planejado. As ilhas tinham tempo claro e, no calor do momento, apesar de todo o planejamento, todos os aviões atacaram simultaneamente.

ELEMENTO SURPRESA

Às 07h55min, todos os seis campos aéreos norte-americanos foram bombardeados e então metralhados para terminar o trabalho e impedir que os aviões americanos decolassem. Ao mesmo tempo, em uma ação totalmente inesperada, outras 132 aeronaves atacaram a frota norte-

→ Os navios norte-americanos West Virginia e Tennessee lado a lado no caos depois do ataque. O Tennessee escapou com sérios danos, mas o West Virginia foi afundado depois de ser atingido por sete torpedos.

-americana, virtualmente sem encontrar oposição. Sete couraçados estavam ancorados nas Ilhas Ford, no que foi batizado de 'Couraçados Enfileirados', e um oitavo navio (Pennsylvania) estava nas docas do estaleiro naval. Essas eram as vítimas e, em questão de minutos, o West Virginia foi atingido por sete torpedos. Ele ainda estava à deriva quando, às 08h10min, o próximo navio na fila (Arizona) foi destruído por uma explosão devastadora quando o oitavo torpedo a atingi-lo penetrou no seu armazém de munição. O Oklahoma recebeu cinco torpedos e afundou, e outros dois torpedos atingiram o Califórnia, levando-o para debaixo d'água. O Nevada, atingido por um torpedo, conseguiu desviar do massacre, mas encalhou depois de ser bombardeado por uma segunda onda do ataque. Apenas o Maryland e o Tennessee escaparam com danos moderados. Alguns dos navios no estaleiro também foram danificados: dois destróieres foram afundados na doca e um terceiro, Shaw, explodiu.

ATAQUE SECUNDÁRIO

A segunda onda, com 167 aeronaves japonesas, chegou por volta das 09h e agravou o nível geral de danos, mas encontrou um nível maior de resistência. Nagumo preferiu não enviar uma terceira leva. Sem ter certeza sobre a posição dos porta-aviões americanos, receoso pelo número de bombardeiros baseados na ilha e recebendo relatórios dos aviões que voltavam da segunda onda de ataque reportando que a maior parte da área-alvo estava reduzida a densas cortinas de fumaça, ele deu a volta para o norte e não foi sequer avistado pelos americanos.

VITÓRIA SIGNIFICATIVA

Pelo custo de 29 aviões, Nagumo tinha assegurado uma vitória significativa, mas não decisiva. Além dos danos à frota, cerca de 200 aviões norte-americanos foram destruídos, a maioria sem nem sequer conseguir decolar. Mas uma desatenção boba no plano tinha deixado intocadas as extensas áreas de reservatório, as instalações do estaleiro e a base de submarino. Pearl Harbor ainda estava em funcionamento, e os porta-aviões ainda estavam intactos. Tão importante quanto isso: os americanos foram incendiados por uma ferrenha determinação de vingar as 2.403 vidas perdidas com o ataque.

PEARL HARBOR
CRONOLOGIA

7 de dezembro de 1941: um dia 'de infâmia' quando aviões japoneses atacam a principal base americana no Havaí sem aviso oficial prévio, levando os Estados Unidos à II Guerra Mundial. A frota americana é gravemente danificada, mas, por sorte, seus porta-aviões não estavam ancorados no dia.

1941

26 DE NOVEMBRO
A frota principal japonesa parte na direção do Havaí.

6 DE DEZEMBRO
Washington DC — o presidente norte-americano Franklin Roosevelt faz um apelo final ao imperador do Japão pela paz. Não há resposta. Mais tarde, no mesmo dia, o serviço de informação dos EUA intercepta uma mensagem japonesa de 14 partes e decifra as 13 primeiras, transmitindo-as para o presidente e para o secretário de Estado dos EUA. Os americanos acreditam que um ataque japonês é iminente, provavelmente em algum lugar do sul da Ásia.

7 DE DEZEMBRO
Washington DC — a última parte da mensagem japonesa, afirmando que as relações diplomáticas com os EUA deveriam ser rompidas, chega a Washington pela manhã e é decodificada aproximadamente às 9:00 am. Cerca de uma hora depois, outra mensagem japonesa é interceptada. Ela instrui a embaixada japonesa a entregar a mensagem principal para os americanos à 1:00 pm. Os americanos percebem que o horário corresponde ao início da manhã em Pearl Harbor, que está a alguns fusos horários a menos. O Departamento de Guerra dos EUA envia um alerta, mas usa um telégrafo comercial porque o contato por rádio com o Havaí está impossibilitado/quebrado.
Havaí — a força de ataque japonesa sob o comando do Almirante Nagumo, consistindo em seis porta-aviões com 423 aeronaves, está prestes a atacar.

6:00AM
A primeira onda de ataque de 183 aviões japoneses decola dos porta-aviões localizados a aproximadamente 595 km ao norte de Oahu e segue para a frota do Pacífico em Pearl Harbor.

↓ Seguindo a tradição haitiana, os marinheiros americanos honram os mortos no ataque japonês em N.A.S. Kaneohe. Os mortos foram enterrados em 8 de dezembro; essa cerimônia ocorreu alguns meses mais tarde.

→ Cenário da frota americana golpeada em Pearl Harbor, com cinco couraçados afundados e outros três danificados. Mais de 2.400 recrutas e civis foram mortos no ataque. O ataque foi tão inesperado que os japoneses perderam apenas 27 aeronaves e cinco submarinos anões. O maior número de perdas americanas ocorreu a bordo do Arizona, que foi afundado por uma única bomba.

7:02AM

Dois operadores do exército na estação de radar da costa norte de Oahu detectam a aproximação do ataque japonês e contatam um oficial subalterno, que desconsidera os relatos, pensando que são apenas planadores B-17 americanos.

7:15AM

Segunda onda de ataque de 167 aeronaves decola dos porta-aviões japoneses e segue para Pearl Harbor.

7:53AM

A primeira onda do ataque japonês, com 51 bombardeiros de mergulho 'Val', 40 torpedeiros 'Kate', 50 bombardeiros de alto nível e 43 caças 'Zero', começa o ataque com o comandante de voo, Mitsuo Fuchida, anunciando que a surpresa total tinha sido atingida com um grito de batalha: 'Tora! Tora! Tora!' A primeira onda de ataque teve como alvos campos aéreos e couraçados. A segunda onda mirou em outros alvos e em instalações navais. O ataque aéreo durou até as 9:45am. Oito couraçados são danificados, e cinco afundam. Três cruzadores leves, três destróieres e três embarcações menores são perdidos, além de 188 aeronaves. Os japoneses perdem 27 aviões e cinco submarinos menores que tentaram penetrar a parte interior do porto para lançar torpedos. A lista de mortos inclui 2.335 recrutas e 68 civis, com 1.178 feridos. Desses, 1.104 eram homens a bordo do Arizona, que morreram depois que uma bomba de aproximadamente 800 kg penetrou no armazém de armas, causando uma explosão catastrófica.

2:30PM (HORÁRIO DE WASHINGTON)

Diplomatas japoneses apresentam a declaração de guerra - atrasada - para o secretário de Estado dos EUA, Cordell Hull, em Washington.

8 DE DEZEMBRO

Os Estados Unidos e a Inglaterra declaram guerra ao Japão, com o presidente Roosevelt chamando o 7 de dezembro de 'um dia que irá viver na infâmia…'.

11 DE DEZEMBRO

Alemanha e Itália declaram guerra aos EUA. As guerras na Europa e no sul da Ásia se tornam, assim, um conflito global contra as potências do Eixo.

↓ O jornal Seattle Daily Times anuncia que foi declarada guerra contra o Japão.

WAR EXTRA

WAR DECLARED!

U. S. FLEET SAILS!

BATTLESHIP BOMBED

2ND RAID ON HONOLULU!

America's Best Evening Newspaper

The Seattle Daily Times 3RD SUNDAY EXTRA!

EXPANSÃO NO PACÍFICO
O ATAQUE NO OCEANO ÍNDICO

Depois do ataque a Pearl Harbor, a 1ª frota da Marinha Imperial Japonesa deu prosseguimento à demonstração de seu poder de fogo e da soberba habilidade de seus pilotos contra novos alvos – mais notadamente contra a Marinha Real Inglesa.

O choque causado pelo ataque japonês a Pearl Harbor é até hoje tão grande que geralmente minimiza o fato de que a 1ª Esquadra Aérea do Vice-Almirante Chuichi Nagumo, poucos meses depois, aplicou um golpe similar aos ingleses. Quatro dos seis porta-aviões rápidos de Nagumo realizaram uma ação preliminar preparatória em 19 de fevereiro de 1942 contra Darwin e Broome, no noroeste da Austrália. Com a perda de apenas duas aeronaves, os japoneses afundaram 12 navios das forças combinadas ABDA (que reunia forças australianas, britânicas, holandesas e americanas) e passaram uma hora atacando as instalações da base e boa parte da cidade sem encontrar resistência.

Ao fim de fevereiro de 1942, os japoneses tinham conquistado a maioria de seus objetivos nas Índias Orientais, Malásia e Filipinas e, com as bases do poder aéreo bem estabelecidas, os porta-aviões da 1ª Frota Aérea tiveram um mês de merecido descanso antes de começar a navegar para o Oceano Índico em 26 de março.

Um acordo Aliado que vigorava na época definia o Oceano Índico na parte oeste da península da Malásia como zona de responsabilidade britânica, mas a Marinha Real destacava apenas uma força menor para sua proteção. Em teoria, Almirante Sir James Somerville possuía uma força poderosa, formada por cinco couraçados e três porta-aviões. Mas apenas dois dos porta-aviões eram modernos e quatro dos couraçados eram unidades classe 'R', completamente superadas pelos japoneses e que não podiam fazer muito contra eles fora o valor de sacrifício.

Usando o bom senso, Somerville reuniu duas forças separadas: os navios antigos com base na África Oriental e os restantes em Ceilão e a base secreta em Addu Atoll, a 965 km no sul das Maldivas.

Relatórios de inteligência indicavam grandes chances de um ataque japonês contra Ceilão por volta do dia 1º de abril de 1942, e Somerville manteve sua força ainda completa direcionada para o oeste durante o dia, quando ele se considerava em grande desvantagem, seguindo para o leste durante a noite na direção esperada da aproximação japonesa. Embora corretas em essência, as informações de inteligência de Somerville estavam erradas a respeito da cronologia das ações. Na tarde de 2 de abril, a força inglesa precisava se abastecer com combustível e mantimentos e teve que voltar para Addu, continuando apenas com os cruzadores pesados HMS Cornwall e HMS Dorsetshire, o antigo porta-aviões HMS Hermes e o destróier HMS Vampire. Por conta de outros compromissos, esses foram mandados para Ceilão.

↓ Depois do seu sucesso em Pearl Harbor, a 1ª Frota Aérea atacou no norte da Austrália, causando sérios danos em Darwin. A conquista das Índias Orientais agora liberava a frota para entrar no Oceano Índico e atacar as possessões britânicas.

BUSCA AÉREA

Somerville mal tinha chegado em Addu na tarde de 4 de abril quando uma busca aérea localizou Nagumo a menos de 645 km ao sudeste da ilha. Pegos de surpresa, os ingleses começaram a navegar imediatamente, mas sem esperanças de impedir o ataque. Na direção de Ceilão, estavam os dois cruzadores desprotegidos enviados por Somerville, que se prepararam para a carnificina.

Como em Pearl Harbor, os japoneses escolheram um domingo antes do café da manhã para o ataque, e radares com bases na praia localizaram a força de 126 aeronaves conforme ela seguia para o alvo, Colombo. Protegido pelas defesas organizadas da AA e pela Royal Air Force (RAF), a Força Aérea Real da Inglaterra, o porto tinha vários navios ancorados. Metade dos cerca de 40 caças que confrontaram os japoneses foram perdidos sem conseguir parar o ataque. Mas, depois de 30 minutos de ação, que tinha custado aos japoneses sete aeronaves, o porto ainda funcionava.

Infelizmente, pouco antes do meio-dia, um hidroavião Aichi E13A 'Jake' do cruzador Tone avistou os dois cruzadores. Por mais de três horas, as aeronaves os perseguiram até terem ambos no centro de um ataque de 90 aviões. Sem qualquer tipo de cobertura, os navios ingleses afundaram em 20 minutos, causando a perda de mais de 400 vidas.

Procurando recuperar o equilíbrio na batalha, Somerville acelerou para interceptar Nagumo no amanhecer de 6 de abril. Os japoneses vitoriosos não aceitaram o desafio, provavelmente para a sorte dos ingleses, que certamente teriam levado a pior.

VITÓRIA JAPONESA

Para explorar o pânico provocado pelo ataque a Colombo, Nagumo formou uma força de ataque separada, centrada no pequeno porta-aviões Ryujo, que era lento demais para operar como parte do grupo principal.

Essa força navegou em 1º de abril para a recém-ocupada Burma e se dividiu em três para eliminar o tráfego mercantil na costa de Orissa. No espaço de 10 dias os navios de superfície, com cobertura de submarinos e dos 48 aviões de Ryujo, atacaram 28 navios mercadores, totalizando 145.000 toneladas de carga perdidas, e também bombardearam vários portos.

O grupo de Ryujo se desfez em 7 de abril, mas os ingleses não tiveram descanso, pois, na tarde do dia seguinte, Nagumo foi mais uma vez avistado por um PBY com base em Ceilão, a cerca de 725km a leste. Mais uma vez, Somerville estava em Addu, tendo acabado de destacar seus navios mais antigos para as águas menos perigosas do leste da África.

O curso japonês sugeria que o destino era Trincomalee ou Madras e, sem esperanças de realizar uma intercepção naval, os portos foram esvaziados. Cerca de 15 horas depois do relatório avisando da presença de Nagumo, 85 aeronaves atacaram Trincomalee. Elas não encontraram nenhum navio ancorado e havia poucos alvos na praia, mas novamente golpearam a RAF. Nove bombardeiros ingleses atacaram os porta-aviões japoneses, mas pagaram um preço alto demais para praticamente nenhum resultado.

Um avião 'Jake' do Haruna encontrou o Hermes próximo da praia. O porta-aviões tinha começado a navegar quando o porto foi esvaziado, sem nenhum caça a bordo, e foi impedido por problemas de comunicação de chamar cobertura aérea da praia. Nada menos que 85 bombardeiros de mergulhos com escolta atacaram. Em minutos, depois de ser atingida por estimados 40 projéteis de 250 kg, a embarcação afundou. Um destróier e dois navios-tanques tiveram o mesmo destino.

O Almirante Nagumo reuniu suas aeronaves e tomou o caminho de volta para casa. Ele tinha conseguido derrotar os ingleses com tanta competência quanto derrotara os americanos e, pelo menos por ora, as águas que iam além do perímetro japonês estavam seguras. Embora os japoneses nunca mais fossem conseguir penetrar no Oceano Índico com tamanha força, a escala de suas atividades tinha garantido que uma contraofensiva demoraria para ser organizada.

↑ O Almirante Chuichi Nagumo lideraria a 1ª Koku Kantai (1ª Frota Aérea) da frota combinada da Marinha Imperial Japonesa pelos seis meses da ação naval mais impressionante que o mundo já tinha visto, do ataque a Pearl Harbor ao clímax da Batalha de Midway.

EXPANSÃO NO PACÍFICO
CRONOLOGIA

A ofensiva dos japoneses no Pacífico após o ataque a Pearl Harbor se igualava em brilhantismo à blitzkrieg alemã no Ocidente. Em agosto de 1942, o Japão já tinha conquistado territórios a mais de 3.200km de distância do país.

1941

7 DE DEZEMBRO
A Frota do Pacífico dos EUA em Pearl Harbor é devastada por um ataque aéreo japonês lançado de porta-aviões.

10 DE DEZEMBRO
Dois grandes destacamentos japoneses desembarcam na costa norte de Luzon em Aparri, Gonzago e Vigan. Ambos avançam para o sul, conquistando campos aéreos em Tuguegarao e Laoag.

22 DE DEZEMBRO
A 48ª Divisão Japonesa desembarca em Luzon na Baía de Lingayen. Em 25 de dezembro, a divisão começa a rumar para o sul, na direção da capital filipina, Manila, acabando com as forças americanas em seu caminho.

23 DE DEZEMBRO
O General Douglas MacArthur ordena que as forças norte-americanas em Luzon se retirem para a península de Bataan enquanto os japoneses avançam para Manila ao norte. Dois desembarques japoneses posteriores são realizados ao sul dos soldados de MacArthur para impedir que as forças norte-americanas se retirem.

23 DE DEZEMBRO
Uma força de invasão japonesa comandada pelo Contra-Almirante Kajioka Sadamichi ocupa a ilha Wake. A pequena guarnição na ilha resistia ao ataque japonês desde 7 de dezembro, tendo matado mais de mil soldados japoneses e afundando quatro navios com suas armas costeiras.

27 DE DEZEMBRO
Manila cai diante dos japoneses enquanto as forças norte-americanas se engajam em uma desesperada batalha para se retirar para a península de Bataan.

1942

9 DE JANEIRO
As forças japonesas começam o ataque principal à península de Bataan, derrubando a linha inicial das defesas norte-americanas em 23 de janeiro.

11 DE JANEIRO
A capital malaia, Kuala Lumpur, cai diante da 5ª Divisão Japonesa, que já tinha avançado 482 km.

15 DE JANEIRO
O Exército Sul japonês invade Burma por Victoria Point. Os japoneses seguem

com o avanço ao norte contra a fraca defesa inglesa, cobrindo os 370 km até Tavoy em apenas quatro dias.

11 DE JANEIRO - 14 DE FEVEREIRO

Três forças de ataque japonesas separadas, invadem as Índias Orientais Holandesas. Em meados de fevereiro, os japoneses já controlam Borneo, Sarawak e Célebes.

15 DE FEVEREIRO

Singapura se rende aos japoneses e mais de 60.000 soldados Aliados são feitos prisioneiros. Os japoneses sofreram pouco mais de 2.000 baixas durante toda a campanha para a tomada da ilha.

19 DE FEVEREIRO

Doze navios Aliados são afundados em Darwin e Broome, noroeste da Austrália, depois de ataques de mais de uma hora por forças da 1ª Frota Aérea japonesa.

19 DE FEVEREIRO - 8 DE MARÇO

Bali, Timor e Java se tornam conquistas japonesas, completando a ocupação das Índias Orientais Holandesas.

8 DE MARÇO

Rangum e Burma caem para a ofensiva japonesa, mas a guarnição do exército britânico em Burma consegue escapar do cerco. No mesmo dia, forças japonesas invadem Nova Guiné, mas derrotas navais posteriores no mar Coral e em Midway impedem que elas consigam conquistar o país.

↑ Almirante Isoroku Yamamoto, comandante-chefe da marinha japonesa a partir de 1939. Yamamoto foi responsável por planejar o ataque a Pearl Harbor em dezembro de 1941, embora ele, na realidade, se opusesse a ir à guerra contra os EUA. Ele foi morto em abril de 1943, quando caças americanos derrubaram sua aeronave perto de Bougainville.

1º DE ABRIL

Uma força de navios de guerra japoneses com base no porta-avião Ryujo entra na baía de Bengala. Sua missão é interceptar os navios mercadores Aliados no Oceano Índico.

9 DE ABRIL

As forças dos EUA na península de Bataan finalmente se rendem depois de três meses.

3 DE ABRIL

Cinco porta-aviões japoneses que faziam parte da 1ª Frota Aérea do Almirante Chuichi Nagumo entram no Oceano Índico, navegando para Ceilão.

4 DE ABRIL

A força naval inglesa que protegia o Oceano Índico – uma frota de cinco couraçados e três porta-aviões sob o comando do Almirante Sir James Somerville – recebe um aviso de que porta-aviões japoneses estão a menos de 645 km de Ceilão. Somerville lidera uma força para interceptar os japoneses.

6 DE ABRIL

Mais de 120 aviões japoneses atacam de surpresa os navios ingleses no e ao redor do porto Colombo, em Ceilão. Vinte e seis aviões Aliados são atingidos e três navios são afundados: os cruzadores Dorsetshire e Cornwall e o destróier Tenedos.

9 DE ABRIL

Oitenta e cinco aviões japoneses dos porta-aviões de Nagumo atacam os campos aéreos e as docas de Trincomalee, Ceilão. A inteligência inglesa recebera informações de antemão sobre o ataque, e os japoneses encontraram poucos alvos e perderam cinco aviões. No entanto, os japoneses localizaram o porta-aviões inglês Hermes e sua escolta que navegavam para Ceilão. O Hermes é afundado em um maciço ataque aéreo, além de outros quatro navios Aliados.

5 E 6 DE MAIO

Os japoneses conquistam a ilha Corregidor na baía de Manila depois de uma campanha de dois dias.

15 DE MAIO

Forças japonesas em Burma alcançam as fronteiras ao norte da Índia e da China, adicionando mais um país para sua lista de conquistas.

MAIO-AGOSTO DE 1942

Os japoneses expandem suas conquistas pela cadeia de ilhas do Pacífico, adquirindo as ilhas Carolinas, ilhas Gilbert, ilhas Marshall, ilhas Marianas e boa parte das ilhas Salomão e alcançando o ponto alto de suas conquistas. Nessa altura da guerra, no entanto, a marinha japonesa já tinha sido efetivamente derrotada pela marinha norte-americana, e as forças armadas dos EUA davam início às campanhas para retomar Papua Nova-Guiné e as Ilhas Salomão.

EVENTOS INTERNACIONAIS

1941

22 DE DEZEMBRO

Na Conferência Arcadia, em Washington, o presidente norte-americano Franklin Roosevelt e o primeiro-ministro inglês Winston Churchill concordam que a derrota da Alemanha continua a ser prioridade Aliada mesmo com a entrada do Japão na guerra.

1942

20 DE JANEIRO

A 'Solução Final' para o extermínio dos judeus europeus é oficializada durante uma conferência em Wannsee, Berlim, liderada pelo representante da SS, Reinhard Heydrich.

14 DE FEVEREIRO

Uma controversa 'Diretiva de Área de Bombardeio' emitida pelo comando de bombardeios da RAF inclui áreas civis alemãs como alvos legítimos para futuros ataques aéreos.

30 DE MAIO

A cidade de Colônia, na Alemanha, recebe o primeiro ataque de mil bombardeiros do Comando de Bombardeios da RAF.

28 DE JUNHO

Os alemães finalmente rompem as defesas russas em Sebastopol, fazendo 90.000 soldados prisioneiros e assegurando a possessão alemã na península de Kerch, na Crimeia.

23 DE AGOSTO

As forças alemãs que avançam na Frente Oriental alcançam o rio Volga, mas começam a sofrer com a feroz resistência ao redor da cidade de Stalingrado.

MAR CORAL
PORTA-AVIÕES EM AÇÃO

O Japão ameaça a Nova Guiné – e um novo tipo de batalha está prestes a se consolidar, no qual a triunfante marinha imperial japonesa sofreria seu primeiro revés.

↑ Capaz de atingir 394 km/h e com alcance de 1770km, o SBD era a mais efetiva aeronave de ataque norte-americana nas batalhas do mar Coral e de Midway.

Para aprofundar a intenção de cortar as comunicações entre os EUA e a Austrália, o Japão montou, em abril de 1942, a Operação MO para capturar a cidade de Port Moresby, sudeste da Nova Guiné, usando desembarques por mar. A operação também tinha o objetivo de estabelecer uma base de reconhecimento de hidroaviões em Tulagi, no extremo leste das ilhas Salomão. Uma força pequena seria suficiente para tomar Tulagi, mas, para o grupo de Port Moresby, foi necessário cobertura de uma escolta que incluía o novo porta-aviões leve Shoho. Esperava-se que a ação atraísse a marinha norte-americana, momento em que o Vice-Almirante Takeo Takagi contornaria as ilhas Salomão com os dois porta-aviões de grande porte (Shokaku e Zuikaku) e surpreenderia os americanos por trás.

QUEBRA DO CÓDIGO

No entanto, mesmo nessa fase inicial da guerra, os americanos conseguiram decodificar o suficiente das mensagens interceptadas para deduzir as intenções do Almirante Isoroku Yamamoto. O Comandante-chefe do Comando do Pacífico (CINCPAC), Almirante Chester Nimitz, destacou a Força-Tarefa 17, do Vice-Almirante Frank Fletcher, para a área. Equipada com os porta-aviões Lexington e Yorktown, a força já estava no mar Coral em 3 de maio, quando recebeu a notícia dos desembarques em Tulagi. Yorktown desviou-se do seu caminho para conduzir três ataques aéreos separados durante 4 de maio, que causaram poucos danos, mas alertaram Takagi sobre a presença de Fletcher. No entanto, Takagi não entrou na zona de alcance de novos ataques até 5 de maio, quando o Yorktown já tinha se reunido com seu parceiro ao sul. Nenhuma das duas forças de porta-aviões conseguiu localizar a outra durante os dias 5 e 6 de maio. O grupo em Port Moresby, que tinha saído de Rabaul em 4 de maio, foi localizado e atacado por aviões Aliados com bases em terra.

↑ Apelidado de 'Kate' pelos Aliados, o Nakajima B5N era o melhor bombardeiro-torpedeiro do mundo em 1942. Seu único ponto fraco era a falta de armamento defensivo, contando apenas com uma metralhadora de 7,7 mm na parte de trás da cabine de pilotagem.

A ação fez Fletcher se deslocar pelo mar Coral para o ataque. Na manhã de 7 de maio, as duas forças de porta-aviões realizaram buscas aéreas. Takagi localizou o petroleiro norte-americano Neosho e seu único destróier de escolta. O piloto reportou que o petroleiro era um porta-aviões, o que gerou um ataque com força total dos porta-aviões japoneses que, por mais que tenha causado a perda dos dois navios, salvou Fletcher de ser descoberto em uma localização crítica. O que aconteceu foi que os americanos localizaram membros do grupo de Port Moresby, que também foram reportados erroneamente como dois porta-aviões, o que fez Fletcher enviar dois terços de sua força aérea para atacar o que ele acreditava ser Takagi. Sabendo que tinham sido localizados, os japoneses reverteram temporariamente seus cursos. Dessa forma, o ataque com força total dos americanos só encontrou o azarado Shoho, que podia transportar apenas 21 aeronaves no total. Ocupado em enviar aeronaves, o porta-aviões não conseguiu oferecer resistência: o poder de fogo combinado do grupo manteve as aeronaves do Lexington distantes, mas os aviões vindos do Yorktown, que chegaram por trás às 10h25, passaram pela artilharia antiaérea e venceram.

A BATALHA DE PORTA-AVIÕES COMEÇA

No espaço de 10 minutos, o Shoho foi atingido por 13.454 kg de bombas, possivelmente sete torpedos e um ataque de bombardeiros de mergulho Douglas SBD e afundou. Apenas três aeronaves foram perdidas nesse primeiro exemplo de batalha de porta-aviões contra porta-aviões, mas Fletcher teve a sorte de se manter oculto enquanto sua força principal estava ausente. Depois de recuperar seus aviões vitoriosos, Fletcher se retirou, aproveitando a cobertura do tempo nublado. Surpresos pela perda do Shoho, os japoneses atrasaram ainda mais a rota de suas embarcações.

No amanhecer do dia 8 de maio, os dois grupos de porta-aviões estavam a apenas 320 km de distância. Às 07h20, os dois tinham localizado o outro, e ambos lançaram ataques aéreos com força total. Nessa altura, Takagi tinha cobertura do tempo ruim, mas foi descoberto pelos aviões do Yorktown às 10h30. As tripulações ainda inexperientes dos bombardeiros Douglas TBD desperdiçaram seus torpedos atirando a uma distância grande demais e sem levar em consideração a velocidade dos japoneses. Os bombardeiros de mergulho conseguiram atingir o Shokaku duas vezes, uma na frente, danificando a pista do porta-aviões a um ponto que nenhum avião conseguiu mais decolar. A maior parte dos aviões do Lexington não conseguiu localizar os japoneses.

Enquanto isso, o ataque misto de 69 aviões japoneses tinha sido detectado pelo radar de Fletcher e o alcançou enquanto a cobertura dos caças defensivos estava sendo alterada. Uma bomba atingiu em cheio o Yorktown às 11h20 e o danificou, mas não conseguiu deixá-lo fora de combate.

O COLAPSO DA OPERAÇÃO MO

O ataque anfíbio japonês a Port Moresby foi abortado depois que o naufrágio do Shoho acabou com a cobertura de caças. Na subsequente troca de ataques aéreos, os japoneses perderam 86 aeronaves, que impediram que o Shokaku e o Zuikaku fossem usados na luta de Midway, onde esses porta-aviões de grande porte poderiam ter feito toda a diferença e impedido a vitória dos EUA.

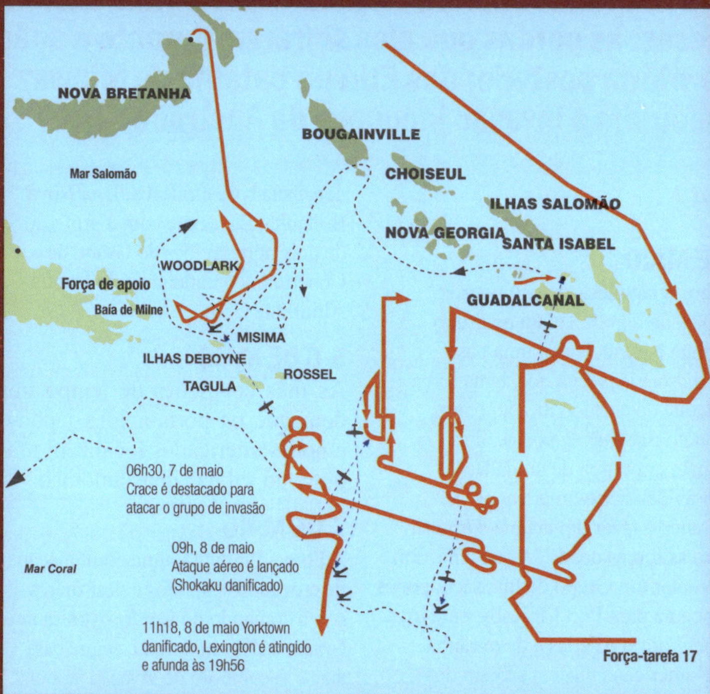

BOMBARDEIO SINCRONIZADO

Ao mesmo tempo, o Lexington era atacado por um pequeno grupo de torpedeiros que, atirando de todos os lados, conseguiu atingi-lo duas vezes. Um ataque de bombardeiros de mergulho sincronizados também conseguiu dois acertos. Os profundores do porta-aviões foram esmagados, mas a pista de voo ainda era utilizável. Infelizmente, o sistema Avgas foi bastante atingido, emitindo vapores explosivos. Por volta do meio-dia, teve início a primeira de uma série de explosões a gás que acabariam afundando o navio. Todos os aviões a bordo voaram para o Yorktown e o navio foi abandonado às 17h, para posteriormente ser afundado por um torpedo. O efeito da ação no mar Coral fez os japoneses abandonarem o plano de invasão por mar de Port Moresby. Novas tentativas estavam fora de questão por causa da operação iminente da frota contra Midway. A presença dos dois grandes porta-aviões de Takagi na ação em Port Moresby poderia ter sido decisiva, mas a operação MO causou sua ausência.

MAR CORAL
CRONOLOGIA

A batalha do mar Coral foi a primeira disputa naval da história decidida por porta-aviões. Embora tecnicamente a vitória tenha sido dos japoneses, as perdas que eles sofreram durante a ação ajudariam na vitória posterior dos EUA na batalha de Midway e impediriam a invasão japonesa da Austrália.

1942

3 DE MAIO

As forças japonesas fazem pousos anfíbios na ilha de Tulagi no grupo Salomão e estabelecem uma base para hidroaviões e navios. Uma força de ataque de porta-aviões japonesa, enquanto isso, navega pelas ilhas Salomão em busca de unidades de porta-aviões norte-americanos. A esperança é fazer um ataque-surpresa contra as forças dos EUA que tentavam interceptar um Grupo de Invasão japonês que seguia para Port Moresby, em Nova Guiné. Forças Aliadas e da marinha norte-americana na área sabiam dos planos japoneses devido ao serviço de inteligência.

4 DE MAIO

Aviões do Yorktown ao sul de Guadalcanal atacam navios japoneses e posições em terra em Tulagi às 6h30, afundando várias embarcações menores. O Grupo de Invasão de Port Moresby deixa sua base em Rabaul, na Nova Bretanha. Ele segue com a proteção de dois porta-aviões do Grupo de Cobertura, comandado pelo Contra-Almirante Goto.

5-6 DE MAIO

As más condições de tempo impedem que os porta-aviões japoneses e norte-americanos localizem um ao outro ao sul das ilhas Salomão.

7 DE MAIO

A Força-Tarefa 44, uma combinação de cruzadores Aliados e destróieres sob o comando do Contra-Almirante Crace, da Marinha Real, segue para atacar o comboio de invasão japonês. Avistada por aviões de reconhecimento japoneses, ela é bombardeada durante o dia, sem conseguir interceptar a força de invasão. Ao sul das operações Aliadas, os destróieres norte-americanos Neosho e Sims são destruídos em um ataque de aviões japoneses por serem confundidos com a frota principal Aliada. Os Aliados, no entanto, detectam o Grupo de Cobertura japonês. Ataques aéreos saindo do Lexington e Yorktown afundam o porta-aviões japonês Shoho.

7-8 DE MAIO

O Grupo de Invasão Japonês destinado a Port Moresby aborta a missão e volta para a Nova Bretanha. Na noite de 7 para 8 de maio, 27 aeronaves são lançadas do porta-aviões da Força de

↓ Maio de 1942. Os bombardeiros de mergulho da marinha norte-americana Douglas SBD Dauntless e os bombardeiros torpedeiros Douglas TBD Devastator se preparam para decolar do deque do Yorktown durante a batalha do Mar Coral. Os Devastators logo seriam substituídos por Grumman TBF Avenger.

Ataque Japonesa. No entanto, elas não conseguem localizar os Aliados e apenas seis retornam em segurança.

8 DE MAIO

A Força de Ataque japonesa e os grupos de porta-aviões dos EUA (conhecidos como Forta-Tarefa 11 e Força-Tarefa 17) localizam um ao outro pouco depois do amanhecer.

9:25AM

Ataques aéreos partem dos porta-aviões rivais.

11:40AM

O porta-aviões japonês Shokaku é gravemente danificado durante os bombardeios norte-americanos.

2:47PM

Uma grande explosão atinge o Lexington depois que um torpedo japonês acerta os tanques de gasolina na sala do gerador. O porta-aviões não pode ser recuperado.

6:00PM

Quase toda a tripulação do Lexington é evacuada para outras embarcações. Às 6:10pm, o navio é perfurado e finalmente afunda.

9 DE MAIO

Vice-Almirante Takagi, comandante da Força de Ataque japonesa, recebe ordens para voltar e enfrentar os porta-aviões norte-americanos, apesar da deficiência de aeronaves. As duas frotas não conseguem localizar uma a outra e a batalha do Mar Coral chega ao fim.

EVENTOS INTERNACIONAIS 1942

5 DE MAIO

A RAF implementa uma nova tecnologia em ação de interferência nos sinais de rádio. A novidade reduz a precisão dos bombardeios alemães em 30%.

↑ A tripulação do porta-aviões condenado Lexington é ajudada a embarcar em outras embarcações da marinha norte-americana. Apesar da perda do porta-aviões para os ataques japoneses, quase 3.000 membros da tripulação foram resgatados.

6 DE MAIO

Forças Aliadas na ilha Corregidor, Filipinas, se rendem. Mais de 12.000 prisioneiros são levados para os campos de prisão japoneses.

6 DE MAIO

Forças chinesas do General Chiang Kai-shek começam uma grande ofensiva contra soldados japoneses em diversas cidades, incluindo Xangai e Nanking.

8 DE MAIO

Em Londres, o Gabinete de Guerra ordena um esforço renovado na guerra no deserto do Norte da África depois de um avanço de 643km das forças de Rommel em El Agheila, na costa do Líbano para Cirenaica.

↓ O porta-aviões norte-americano Bon Homme Richard (CV-31) entra em ação em 29 de abril de 1944. A embarcação foi servir no Pacífico, assistindo no bombardeio do continente japonês no final da guerra.

A BATALHA DE MIDWAY
DECISÃO NO PACÍFICO

Em 4 de junho de 1942, a Marinha Imperial Japonesa tentou atrair os americanos para uma colossal emboscada em Midway. Foi uma batalha de ataque e contra-ataque, com os rivais a 161 km de distância um do outro.

→ No início da batalha, a abalada força de porta-aviões japoneses se retirou para o oeste, deixando os danificados cruzadores da classe 'Mogami' Mogami e Mikuma para guardar a ilha Wake.

Assim como a Grande Frota do Almirante Jellicoe na I Guerra Mundial, a Marinha Imperial Japonesa se baseava no conceito de "grandes e decisivas batalhas", e o Almirante Isoroku Yamamoto delineou a operação 'MI' com esse conceito em mente. O primeiro passo eram os desembarques nas ilhas Aleutas, atraindo a força dos EUA para contra-atacar no norte. Assim que isso acontecesse, a posição estratégica dos EUA na ilha Midway seria tomada. A apenas 1.850 km do Havaí, a posição representaria uma ameaça que o Almirante Chester Nimitz, comandante--chefe do Pacífico, não poderia ignorar. Sua frota enfraquecida seria destacada para a recuperação da ilha, mas acabaria destruída pelos japoneses, que lutariam com força total. O plano era falho tanto por sua complexidade quanto por seus instigadores não terem percebido que os EUA poderiam facilmente descobrir as intenções decodificando mensagens de rádio interceptadas.

MIDWAY: A DERROTA DOS PORTA-AVIÕES DE NAGUMO

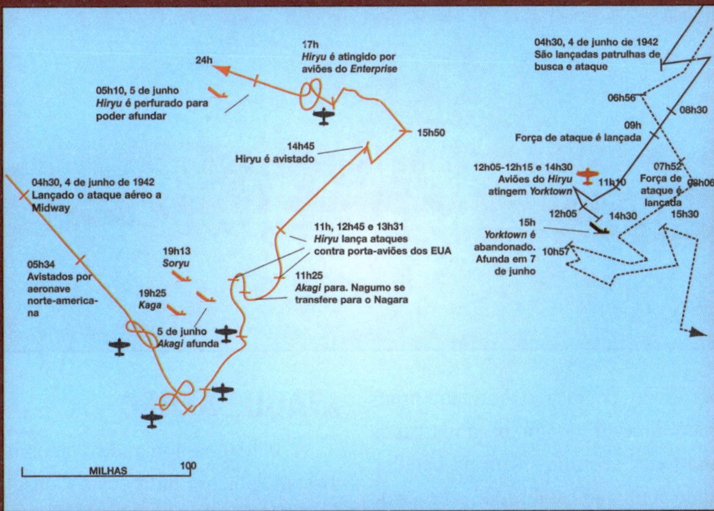

Ao lado do mar Coral, a Batalha de Midway deu mostras da nova importância dos porta-aviões na guerra no mar. A 1ª Força de Ataque de Porta-aviões do Vice-Almirante Chuichi Nagumo era composta pelos porta-aviões Akagi, Kaga, Hiryu e Soryu, aos quais depois se juntou a 2ª Frota, com dois couraçados, cinco cruzadores, oito destróieres e um porta-aviões pequeno. Contra Nagumo estavam a Força-Tarefa 17, do Contra-Almirante Fletcher, com o porta-aviões Yorktown, dois cruzadores e cinco destróieres, e a Força-Tarefa 16, do Contra-Almirante Spruance, com os porta-aviões Enterprise e Hornet, seis cruzadores e nove destróieres. Graças ao serviço de inteligência superior, os bombardeiros de mergulho da marinha americana conseguiram atingir o coração da Marinha Imperial Japonesa e clamar a destruição dos quatro porta-aviões da 1ª Força de Ataque de Porta-Aviões japonesa.

PODER DOS PORTA-AVIÕES DOS EUA

A força dos porta-aviões dos EUA estava em uma maré ruim. Dos quatro em operação no Pacífico, apenas o Enterprise e o Hornet, da Força-Tarefa 16 do Vice-Almirante William Halsey, estavam em Pearl Harbor (tendo recentemente voltado do famoso ataque de B-25 de Doolittle, em Tóquio). O Yorktown chegou danificado pelas bombas do mar Coral em 27 de maio, mas foi levado ao cais e reparado para voltar à ação em surpreendentes três dias. O recém-reparado Saratoga ainda estava na costa oeste e jamais chegaria a tempo.

Os japoneses destacaram 162 navios para a operação 'MI', organizados em 13 grupos separados. Aeronaves dos porta-aviões Junyo e Ryujo começam o ataque a Attu, nas ilhas Aleutas, em 3 de junho, mas os EUA não foram atraídos. A ação de reconhecimento japonesa por planadores e submarinos na área de Midway falhou, mas os aviões dos EUA na ilha localizaram membros da força de invasão inimiga na manhã de 4 de junho, enquanto ainda estavam a 1.125 km de distância a oeste. Ainda não-localizado estava o grupo líder do Vice-Almirante Chuichi Nagumo. A cerca de 480 km atrás, estava a principal frota de batalha, com o próprio Yamamoto

↑ Um excelente trabalho de reparos fez o Yorktown voltar à ação antes do segundo ataque aéreo japonês vindo do Hiryu, que foi responsável pelos dois torpedos fatais. Com a ameaça, o Yorktown teve que ser abandonado. Um submarino japonês finalmente afundou o porta-aviões no dia seguinte.

a bordo do couraçado Yamato, pronta para investir contra os americanos quando eles se engajassem na batalha. Agindo como um catalisador, a Força de Operação Midway avançava a cerca de 965 km ao sul.

ELEMENTO-SURPRESA

Os porta-aviões norte-americanos Enterprise e Hornet (comandados pelo Contra-Almirante Raymond Spruance na ausência de um indisposto Halsey) eram acompanhados pelo Yorktown, do Contra-Almirante Frank Fletcher (uma potencialmente problemática divisão de responsabilidades), que aguardava, oculto, a cerca de 565 km ao noroeste da ilha. O Almirante Yamamoto, que achava estar preparando uma emboscada, estava prestes a ser ele próprio emboscado.

Às 04h30 de 4 de junho, o Vice-Almirante Nagumo lançou o primeiro ataque de 72 bombardeiros e 36 caças contra a ilha. Ele estava a aproximadamente 385 km do alvo e continuou a se aproximar em alta velocidade. Enquanto isso, um poderoso grupo de caças levantava voo para o ataque a Midway, com quase 100 aeronaves armadas com bombas de fragmentação e torpedos esperando os navios dos EUA.

ATAQUE AÉREO

Às 05h30, a força de Nagumo foi avistada por um hidroavião Consolidated PBY com base em Midway e toda a cobertura de porta-aviões da ilha se dispersou. Com os porta-aviões japoneses localizados, Spruance começou a agir. Entre as 06h30 e as 07h, as aeronaves inimigas conseguiram causar danos às instalações da ilha, enfrentando uma defesa maciça, e um segundo ataque ainda seria necessário.

CONTRA-ATAQUE

Nagumo já contabilizava 67 aviões perdidos ou danificados, com a localização dos porta-aviões norte-americanos ainda desconhecida e os quatro grupos restantes da operação completamente dispersos devido à complexidade do plano de Yamamoto. Mas as aflições de Nagumo eram diminuídas diante do fracasso do ataque dos aviões com base em Midway que o tinham atacado. Considerando que não havia sido reportado nenhum tipo de movimento da frota americana, o japonês decidiu organizar um novo ataque contra a ilha, e os aviões japoneses que restavam receberam ordens de se rearmar com bombas de impacto e pousaram para tanto.

Às 8h, no entanto, Spruance e Fletcher lançaram um ataque de 151 aeronaves. Elas estavam a caminho quando os hidroaviões de reconhecimento japoneses finalmente avistaram os americanos. A notícia provocou pânico em Nagumo, e as aeronaves a bordo precisaram ser rearmadas mais uma vez. Apesar disso, os caças de cobertura japoneses foram bastante efetivos. Muitos dos aviões do Hornet não conseguiram encontrar o alvo, e um ataque combinado de 41 aviões Douglas TBDs às 10h18 causou a perda de 35 aeronaves. O ataque conseguiu, no entanto, fazer os caças baixarem de altitude até o nível do mar, para potencializar os estragos dos 49 bombardeiros de mergulho a caminho. Akagi, Kaga e Soryu, agrupados bem pertos, foram atingidos por dois, quatro e três bombas pesadas, respectivamente. Abrigando aviões recém-abastecidos e dois jogos de munição, todos os porta-aviões logo pegaram fogo e afundaram. Hiryu estava afastado do resto do grupo e conseguiu escapar, fazendo decolar cinco bombardeiros de mergulho em resposta. Os aviões encontraram o Yorktown enquanto ele recolhia suas aeronaves vitoriosas e, em um ataque desordenado, atingiram o porta-aviões três vezes. Em chamas, a embarcação logo ficou à deriva, mas, às 12h20, conseguiu retomar algum controle. Apenas 200 km agora separavam as forças, e um segundo ataque do Hiryu lançou mais dois torpedos conta o porta-aviões. Abandonado, o Yorktown se recusava a afundar e foi rebocado.

O ÚLTIMO ATAQUE

Mais uma vez, Enterprise e Hornet enviaram seus aviões e suas tripulações restantes. Quarenta Douglas SBDs localizaram o Hiryu e a história se repetiu. Quatro bombas acabaram com boa parte do convés e outras quatro quase acabaram com o caso. Completamente destroçado, o porta-aviões acabou sendo perfurado para que pudesse afundar. Apenas a eventual perda do Yorktown, para torpedos de submarinos que ainda estavam na ativa, maculou a completa vitória dos EUA. Onze couraçados estavam presentes, mas a ação foi totalmente baseada e decidida por porta-aviões. Os confiantes japoneses foram massacrados. Seis meses depois de Pearl Harbor, quatro dos seis porta-aviões responsáveis pelo ataque estavam no fundo do Pacífico, e o inimigo foi obrigado a abandonar seus planos de isolar a Austrália.

↓ Vários TBF-1 Avengers ainda estavam na ilha Midway quando os japoneses atacaram. Seis deles se juntaram ao ataque aéreo lançado da ilha que foi massacrado pelos caças e pelo poder de fogo naval japoneses. Eles todos foram perdidos sem conseguir causar nenhum dano ao inimigo. Esse avião em particular deveria ter se juntado ao Hornet como um dos primeiros do tipo a ir para o mar, mas foi um dos azarados seis que atacaram a frota japonesa.

A BATALHA DE MIDWAY CRONOLOGIA

A Batalha de Midway sinalizou o fim da boa maré das forças japonesas no Pacífico. Com a destruição de metade da frota de porta-aviões, as forças japonesas foram forçadas a mudar para a defensiva.

→ Um avião japonês Nakajima B5N 'Kate' é partido ao meio pela bateria antiaérea do Yorktown. Os B5N foram responsáveis por três naufrágios de porta-aviões norte-americanos durante a campanha do Pacífico. Mas, por volta de 1943, eles já eram um alvo fácil para os caças norte-americanos — sua metralhadora traseira era totalmente inadequada para defesa aérea.

1942

25-28 DE MAIO

Quase toda a frota japonesa navega do Japão e das ilhas Mariana para Midway, no Pacífico Central. A frota é dividida em quatro grupos. A Força-Tarefa Norte segue para as ilhas Aleuta, no extremo norte de Midway, com a intenção de atrair as forças dos EUA para longe de Midway, enquanto as outras três forças-tarefas japonesas seguem para Midway para ocupar a ilha. As forças-tarefas destinadas a Midway são a Força de Ocupação de Midway, a Força Principal de Ataque e a 1º Força de Ataque de Porta-Aviões, contendo quatro porta-aviões.

3 DE JUNHO

A Força Norte começa o ataque às ilhas Aleutas e, durante o mês de junho, as ilhas de Kiska e Attu são ocupadas. O Comandante da frota dos EUA no Pacífico, Almirante Nimitz, tinha recebido dados de inteligência sobre a tática de divergir as atenções usando as ilhas Aleutas, então ele manteve suas forças principais — incluindo os três porta-aviões Enterprise, Hornet e Yorktown — na área de Midway.

4 DE JUNHO

4:30AM

A ilha Midway é bombardeada por aviões vindos da 1ª Força de Ataque do Vice-Almirante Nagumo. Os aviões dos EUA que levantam voo de Midway são quase todos perdidos, mas conseguem impor um importante empecilho aos planos de Nagumo forçando seus aviões a retornar e se rearmar para um segundo ataque à ilha.

7:28AM

As aeronaves de reconhecimento japonesas informam a Nagumo que 10 embarcações norte-americanas estão posicionadas a cerca de 320km ao norte das forças japonesas de Midway. Nagumo não é informado, no entanto, quais são os tipos de embarcações.

7:52AM

Torpedeiros e bombadeiros decolam do Enterprise e do Hornet.

8:20AM

Nagumo é informado que um porta-aviões foi avistado entre as forças navais americanas. A informação deixa Nagumo chocado, pois ele acreditava que não havia porta-aviões dos EUA na área de Midway.

8:37AM
Os aviões japoneses que participaram do segundo ataque a Midway começam a retornar para os porta-aviões para reabastecer e se rearmar.

9:00AM
O Yorktown lança todas suas aeronaves. Cerca de 150 aviões dos EUA estão envolvidos no ataque à força de porta-aviões de Nagumo.

9:30AM-10:00AM
Torpedeiros americanos do Enterprise e do Hornet começam os primeiros ataques contra os porta-aviões japoneses, que tinham a bordo bombardeiros e caças no processo de reabastecimento e rearmamento. Todos os aviões Devastator dos EUA são derrubados pelos caças Zero japoneses em apenas seis minutos. Nagumo tinha mudado o curso de sua Força de Ataque às 9:18am, e os primeiros bombardeiros de mergulho americanos não conseguem localizar os alvos. Às 10:00am, a força japonesa parece ter sobrevivido intacta ao ataque aéreo norte-americanos.

10:25AM
Um grupo de bombardeiros de mergulho contendo 37 aviões Dauntless do Enterprise surpreende os porta-aviões japoneses e começa o ataque. Em apenas cinco minutos, os porta-aviões japoneses Kaga, Soryu e Akagi são destruídos, pois as bombas explodem entre munições, combustível e aviões nos deques dos navios.

MEIO-DIA-2:30PM
Aviões do Hiryu japonês realizam ataques contra o Yorktown em resposta, danificando seriamente a embarcação.

3:00PM
O Yorktown é abandonado. O navio é afundado dois dias depois por um submarino japonês.

5:00PM
O Hiryu é consumido por chamas depois de ser atingido por cinco bombas dos bombardeiros de mergulho do Enterprise. O navio afunda no dia seguinte.

← Membros da tripulação do Yorktown trabalham duro para reparar os danos ocorridos durante a batalha de Midway. Midway ainda faria o Yorktown ser enviado para o fundo do Pacífico. Os membros da brigada de incêndio conseguiram controlar a maior parte das chamas, mas a ignição dos vapores de gases que escapavam por conta de uma grande explosão selou o destino do navio.

EVENTOS INTERNACIONAIS

1942

31 DE MAIO
Mais de 1000 bombardeiros da RAF castigam a cidade de Colônia, na Alemanha. O ataque deixa quase 50.000 pessoas desabrigadas.

31 DE MAIO
Forças soviéticas em Kharkov são cercadas por uma maciça contraofensiva alemã batizada de Operação Fridericus. Quase 250.000 soldados soviéticos são mortos e presos.

3 DE JUNHO
A extração de carvão no Reino Unido se torna uma atividade completamente estatal para garantir o suprimento de carvão do esforço de guerra.

4 DE JUNHO
O chefe de Serviço de Segurança do Reich, Reinhard Heydrich, morre em decorrência de ferimentos ocorridos oito dias antes em um ataque de granada de guerrilheiros tchecos.

6 DE JUNHO
Norte da África. Uma grande ofensiva de Rommel com o objetivo de penetrar a Linha Gazala dos Aliados falha, e as forças alemãs e italianas sofrem perdas insustentáveis.

BATALHA DE GUADALCANAL
TUDO POR UM CAMPO AÉREO

Dia 7 de agosto de 1942: 19.000 soldados norte-americanos desembarcam na ilha de Guadalcanal no começo da primeira contraofensiva dos EUA no cenário do Pacífico.

↑ A batalha em Guadalcanal prenunciou o tipo de combate que os americanos encontrariam enquanto avançavam pelos grupos de ilhas no Pacífico: de curto alcance e em condições brutais e hostis.

Em 1942, as ilhas Salomão de repente se tornaram uma posição estratégica no desenvolvimento da guerra no sul do Pacífico. Nas mãos japonesas, as ilhas representariam uma ameaça às rotas de abastencimento entre EUA e Austrália; nas mãos dos Aliados, elas formariam o primeiro escudo para o crescimento da força Aliada na Austrália, servindo de trampolim para uma ofensiva para forçar os japoneses de volta para sua própria ilha.

Por volta de maio, os japoneses já tinham instalado uma considerável guarnição na ancoragem de Tulagi, na pequena ilha Florida, ao leste das ilhas Salomão. No fim do mês, eles começaram a trans-

FUZILEIROS NAVAIS NORTE-AMERICANOS

Em termos gerais, os membros da Corporação de Fuzileiros Navais norte-americana, que, na II Guerra Mundial, foi enviada apenas para o cenário do Pacífico, eram superiores aos seus oponentes japoneses em termos de físico e treinamento, além de serem bem equipados e abastecidos e terem os benefícios do alto nível de moral e de autoconfiança que vinham com sua posição como força de elite dentro do exército dos EUA. Uma das mais importantes características da Corporação de Fuzileiros Navais era sua rapidez em se adaptar de modo fácil e prático às condições em que as formações se encontravam, e isso fica evidente nos equipamentos desse fuzileiro. Lutar em uma ilha de selva como era Guadalcanal, marcada por altas temperaturas, chuvas tropicais e umidade, exigia o uso de uniforme leve e camuflado, enquanto as curtas distâncias em que os combates tipicamente aconteciam nas ilhas na guerra do Pacífico davam ênfase ao poder de fogo de curto alcance. Isso era providenciado pelo Carbine M1 de 7,62 mm com um pente de 30 balas.

portar soldados de trem pelo Canal Nggela para Guadalcanal. Logo chegaram relatos do time de "vigias da costa" australiano para o General Douglas MacArthur dando conta de que os japoneses estavam construindo um campo aéreo perto de Lunga Point e da vila de Kukum, e o risco dos bombardeiros japoneses conseguirem operar de lá contra navios Aliados ou até mesmo contra a Austrália ficou óbvio.

↑ Seu terreno tornava a maior parte das ilhas do Pacífico inapropriadas para armamentos pesados, mas as armas de 37 mm dos tanques leves eram adequadas para tarefas como invadir abrigos.

DESEMBARQUE BEM-SUCEDIDO

Em 7 de agosto, para a surpresa de todos os envolvidos, uma força de 19.000 fuzileiros navais, sob o comando do Major-General Alexander Vandegrift, desembarcou em Lunga Point e Tulagi. Já naquela tarde os soldados assustaram para dentro da selva 2.200 japoneses que trabalhavam na construção, e, 36 horas depois, os 1.500 soldados japoneses em Tulagi tinham sido eliminados. Em 8 de agosto, o campo aéreo já estava sendo completado por engenheiros dos EUA e foi rebatizado de Campo Henderson. Em 20 de agosto, os primeiros caças Grumman F4F Wildcat e bombardeiros de mergulho Douglas SBD Dauntless pousaram.

Mas, antes disso, os japoneses reagiram. A batalha da ilha Savo tinha enfraquecido severamente a força naval Aliada, e a retirada da força do Contra-Almirante Richmond Turner deixou os soldados com poucos materiais para construir defesas fortes; felizmente, ainda havia bastante material dos japoneses na área que poderia ser bem aproveitado.

Prova disso veio em 18 de agosto, quando uma força japonesa de 6.000 soldados comandada pelo Coronel Ichiki, que acreditava que apenas 2.000 soldados dos EUA estavam na área, atacou o campo Henderson e encontrou uma tempestade fatal da artilharia, que rapidamente baniu seu comando. A partir de então, os ataques japoneses se tornaram descuidados e afobados, e o Comando Imperial parecia incapaz de mensurar a força dos fuzileiros navais americanos na ilha.

Cada confronto de cada fase da batalha no leste das ilhas Salomão, no Cabo Esperança e nas ilhas Santa Cruz até os últimos esforços japoneses na batalha naval de Guadalcanal tinha a intenção de levar mais soldados japoneses para a ilha e retomar o controle do campo Henderson. O Expresso de Tóquio trouxe outros 8.000 homens em 13 de setembro — e mais de 1.200 deles foram mortos naquela noite na área que ficou conhecida como "Crista Sangrenta" ("Bloody Ridge").

Um mês depois, após a batalha no Cabo Esperança, a força japonesa tinha destacado 22.000 soldados para a ilha — mas agora havia 23.000 fuzileiros navais com outros 4.500 em Tulagi, pois era muito mais fácil para os Aliados enviar reforços da Austrália do que para os japoneses mandar reforços do seu próprio país ou mesmo de Luzon. Bombardeios contra o campo Henderson por armamento pesado de dois cruzadores japoneses fizeram o depósito de combustível pegar fogo, destruíram quase metade das aeronaves no campo e causaram tantos buracos no terreno que os bombardeiros tiveram que retornar à Austrália por um tempo. Mas o ataque por terra foi mais uma vez derrotado ao fim de outubro, com as perdas japonesas somando-se aos milhares, enquanto os fuzileiros, lutando de posições defensivas sólidas e bem localizadas e acumulando experiência, tiveram apenas por volta de cem mortos. Os times médicos americanos agora salvavam uma grande porção dos feridos e quase todos os doentes.

OFENSIVA ABANDONADA

Na noite de 14 para 15 de novembro, quando sete dos navios de transporte do Contra-Almirante Raizo Tanaka tentando derrubar a 'Fenda' foram afundados, apenas 4.000 dos 11.000 soldados japoneses enviados para Guadalcanal conseguiram chegar, e, enquanto eles se preparavam para a ação, os americanos abandonaram a posição defensiva que sustentavam tão bem havia quase quatro meses e assumiram a ofensiva. Durante os últimos dias do mês, os fuzileiros navais aumentaram seu perímetro. Assim, no início de dezembro, havia espaço para a 25ª Divisão de Infantaria, a 2ª Divisão de Fuzileiros e para a Divisão 'Americal' — o XIV Corps sob o comando do Major-General Alexander Patch — para aliviar a cansada 1ª Divisão de Fuzileiros de Vandegrift. Patch rapidamente organizou uma ação para expulsar os japoneses da ilha.

Mas agora o Comando Imperial Japonês estava começando a somar os custos. Desde 7 de agosto, as perdas totalizavam 65 embarcações navais e mais de 800 aviões; quanto aos homens, os cálculos eram difíceis de fazer. Havia cerca de 50.000 soldados americanos em Guadalcanal, bem abastecidos e alimentados, enquanto os sobreviventes do 17º Exército do Tenente-General Harukichi Hyakutake contavam com apenas um terço das rações de alimento diárias e estavam tão enfraquecidos pela fome e pelas doenças que uma nova ofensiva estava além de suas capacidades.

Em 4 de janeiro de 1943, a realidade foi aceita em Tóquio, e as ordens foram dadas. Entre 1º e 9 de fevereiro, destróieres do "Expresso de Tóquio" voltaram para Guadalcanal pela última vez e conseguiram evacuar 11.000 homens, cujos esforços tinham conseguido atrasar o avanço americano por ora e que deixavam apenas seus mortos nas praias.

→ Cavar era difícil em bosques de palmeiras, mas árvores derrubadas proporcionavam boas posições de defesa e os troncos podiam ser usados para criar posições defensivas improvisadas.

BATALHA DE GUADALCANAL
CRONOLOGIA

A derrota japonesa em Guadalcanal teve inúmeros benefícios para os Aliados. Ela impediu que os japoneses tivessem acesso a uma importante base aérea para operações nas ilhas Salomão e causou um severo abalo na moral e na autoconfiança das forças japonesas.

↑ A batalha em Guadalcanal foi a primeira grande derrota em terra da guerra para os japoneses. As forças dos EUA tinham aprendido muito sobre operações de guerra tropicais, incluindo a supremacia do poder de fogo em condições de combate na selva.

1942

JULHO
Os Aliados recebem informações de que os japoneses estão construindo uma pista aérea — mais tarde c onhecida como campo Henderson — na ilha de Guadalcanal, parte das ilhas Salomão. A notícia obriga as forças dos EUA no Pacífico a elaborar planos para invasão das ilhas Salomão.

7-8 DE AGOSTO
São realizados desembarques em Guadalcanal, Tulagi e Gavutu nas ilhas Salomão por unidades da 1ª Divisão de Fuzileiros Navais. Os desembarques em Guadalcanal não encontram oposição, e os soldados americanos conseguem seguir direto para um deserto campo Henderson e capturá-lo.

8 DE AGOSTO

Uma grande batalha no mar se desenvolve ao redor das ilhas Salomão enquanto os japoneses começam a responder à invasão dos EUA. Os soldados americanos no campo Henderson concluem o campo aéreo sob pesados bombardeios dos aviões japoneses. As ilhas vizinhas de Tulagi e Gavutu agora estão em mãos Aliadas.

18 DE AGOSTO

Soldados japoneses desembarcam em Taivu, a 32km ao leste do campo Henderson, como parte de uma contraofensiva.

20 DE AGOSTO

Campo Henderson recebe seu primeiro contingente de caças americanos — 31 aviões no total. As aeronaves proporcionam uma cobertura aérea vital para a guarnição em Henderson e para os navios dos EUA ao redor das ilhas Salomão.

21-22 DE AGOSTO

Campo Henderson e as posições americanas em Tenaru sofrem ataques de um regimento de soldados japoneses. Os japoneses não conseguem romper as defesas dos fuzileiros navais americanos e são cercados e derrotados. O comandante japonês — Coronel Ichiki — comete suicídio.

23-24 DE AGOSTO

A marinha japonesa perde um porta-aviões durante a batalha ao leste das ilhas Salomão.

7-8 DE SETEMBRO

Fuzileiros navais americanos realizam um ataque anfíbio s urpresa contra as posições costeiras japonesas em Taivu, reunindo informações de inteligência e destruindo depósitos japoneses.

↓ Dois fuzileiros navais americanos exibem com orgulho uma bandeira japonesa capturada. A campanha forneceu uma lição importante sobre a logística e o efetivo necessário para conquistar as ilhas principais no Pacífico. Mais de 100.000 soldados americanos foram usados para tomar Guadalcanal, e mesmo abrigos pequenos podiam exigir uma hora de batalha dos EUA.

12-14 DE SETEMBRO

Os japoneses lançam sua maior ofensiva contra os soldados americanos em Guadalcanal usando a 35ª Brigada Japonesa, com 6.000 soldados no total. O ataque chega a apenas 0,8 km da pista aérea de Henderson, mas é contido, deixando 1.200 japoneses mortos no campo de batalha.

15 DE SETEMBRO - 10 DE OUTUBRO

Os japoneses reúnem reforços a oeste do campo Henderson e enviam os soldados para Tenaro, a menos de 32km do perímetro norte-americano.

23 DE OUTUBRO

As forças japonesas, sob o comando do General Maruyama, atacam ao sul com cerca de 20.000 homens do 17º Exército e da 2ª Divisão.

26 DE OUTUBRO

A ofensiva japonesa é cancelada depois de sustentar 3.500 mortes.

NOVEMBRO - JANEIRO DE 1943

Uma pausa é estabelecida entre as forças japonesas e americanas e m Guadalcanal, com campanhas pouco significantes sendo realizadas dos dois lados. As forças dos EUA na ilha aumentam para 58.000 homens, enquanto os japoneses têm apenas 20.000. Os japoneses decidem que as perdas em Guadalcanal estão altas demais e começam uma retirada a oeste a partir de 17 de janeiro.

1943

1º-7 DE FEVEIRO

Cerca de 11.000 soldados japoneses são evacuados de Guadalcanal em Tenaro, e a ilha fica totalmente em mãos americanas.

EVENTOS INTERNACIONAIS

1942

23 DE AGOSTO

Na Frente Oriental, a Luftwaffe bombardeia Stalingrado em um ataque com mais de 600 aeronaves.

23 DE OUTUBRO

Norte da África. A batalha de El Alamein começa com um ostensivo bombardeio de artilharia e um contigente de 195.000 soldados Aliados.

8-11 DE NOVEMBRO

Operação Torch. Mais de 100.000 soldados norte-americanos e ingleses desembarcam no Marrocos e na Argélia para abrir uma segunda frente no norte da África.

22 DE DEZEMBRO

Cientistas norte-americanos progridem no desenvolvimento de uma arma atômica ao fazer uma reação em cadeia dividir átomos de urânio.

1943

13 DE JANEIRO

A Trilha de Kokoda — a rota vital na Nova Guiné entre as cordilheiras Owen Stanley e Port Moresby — é tomada por soldados americanos e australianos.

14-23 DE JANEIRO

A conferência Casablanca reúne o primeiro-ministro britânico, Winston Churchill, e o presidente norte-americano, Franklin Roosevelt, para discutir o desenvolvimento estratégico da II Guerra Mundial.

2 DE FEVEREIRO

O 6º Exército alemão em Stalingrado se rende. Mais de 90.000 soldados alemães são feitos prisioneiros soviéticos, e apenas 5.000 irão sobreviver à experiência.

ILHAS SALOMÃO
AS BATALHAS MARÍTIMAS

Enquanto os soldados lutavam em Guadalcanal, poderosas forças navais convergiam no que ficou conhecido como 'Iron Bottom Sound' *('Profundeza do fundo de ferro').*

→ O destino do Hornet é evidente na tarde de 26 de outubro. O Enterprise evitou o mesmo fim lançando-se em uma conveniente rajada de chuva quando o ataque aéreo japonês chegou durante a manhã.

Os desembarques americanos em Guadalcanal marcaram o primeiro estágio de uma longa batalha no Pacífico. Os fuzileiros navais que chegavam logo sentiram a pressão do mar enquanto a Marinha Imperial Japonesa enviava sua força na tentativa de derrotar os invasores. A aniquilação de uma força de cruzadores Aliados na ilha Savo demonstrou a inexperiência americana, assim como a habilidade japonesa em batalhas noturnas no mar. Felizmente para os desembarques, os cruzadores poderosos do Vice-Almirante Gunichi Mikawa deixaram a área por medo de serem encontrados pela força de porta-aviões americana no dia seguinte. Os quatro cruzadores enviados para o fundo do 'Iron Bottom Sound' (a profundeza do fundo de ferro) foram as primeiros das muitas embarcações perdidas nessas águas turvas.

EXPRESSO DE TÓQUIO

Embora os japoneses controlassem a 'Fenda' (a passagem ao centro do arquipélago das ilhas Salomão) durante a noite, o poder aéreo americano reinava durante o dia. A campanha se tornou uma série de ofensivas e contraofensivas, com os japoneses enviando comboios de reabastecimento pela Fenda no que ficou conhecido como 'Expresso de Tóquio', com os americanos atacando de dia pelo ar. A marinha japonesa tentou atrair os porta-aviões americanos para o alcance da frota de uma força combinada comandada pelo Vice-Almirante Chuichi Nagumo, que tinha fama de Pearl Harbor. Na batalha ao leste das ilhas Salomão (22-25 de agosto de 1942), em 23 de agosto, o porta-avião leve japonês Ryujo foi afundado, enquanto o norte-americano Enterprise foi tirado de ação. Mais tarde, o Saratoga norte-americano foi torpedeado e tirado de combate por meses, enquanto, em 14 de setembro, o submarino I-19 torpedeou o Wasp. O navio explodiu depois que as as chamas ficaram o dia inteiro fora de controle. Enquanto isso, os japoneses pressionavam seus comboios para avançar em prol dos seus soldados famintos em Guadalcanal. Um comboio foi atacado pela força de dois cruzadores pesados, dois cruzadores leves e destróieres do Contra-Almirante Norman Scott no Cabo Esperança na noite de 11 para 12 de outubro. Scott não sabia que havia outro comboio japonês de

↑ Depois de ser comissionado em março de 1942, o South Dakota seguiu direto para a frente do Pacífico. Com 44.374 toneladas com carga total, e armado com nove metralhadoras de 406-mm, a embarcação era mais do que rival para os cruzadores de batalhas da I Guerra Mundial modernizados que enfrentaria em Guadalcanal.

três cruzadores pesados a pouca distância, e os japoneses ficaram tão surpresos quanto ele quando conseguiram fazer contato. Numa confusa ação noturna, os americanos tiveram melhor resultado, mas ao preço de permitir a passagem de um comboio.

BOMBARDEIO

Os japoneses aumentaram suas chances consideravelmente duas noites depois, quando as posições dos fuzileiros no campo Henderson em Guadalcanal foram castigadas com artilharia pesada dos couraçados Kirishima e Hiei, o único obstáculo apresentado pela marinha dos EUA sendo quatro barcos torpedeiros de patrulha (PT boats ou Patrol Torpedo Boats). Na noite seguinte, cruzadores pesados avançaram para a costa, descarregando 752 cartuchos de 203 mm contra as posições dos fuzileiros.

Sem apoio extra, as forças do Major-General Alexander Vandegrift não conseguiriam derrotar os japoneses. Felizmente, Vice-Almirante William Halsey tinha assumido o comando no sudoeste do Pacífico e encarou como sua obrigação dar apoio aos fuzileiros, mesmo que isso representasse um risco para seus porta-aviões. Era o que o Almirante Isoroku Yamamoto e a frota combinada esperavam, e Yamamoto decidiu avançar com seus porta-aviões para acabar com o poder naval americano no Pacífico.

Em 25 de outubro, aviões americanos avistaram na Fenda uma força japonesa de três porta-aviões, com um quarto logo atrás. Depois de uma típica batalha de porta-aviões nas ilhas Santa Cruz (com os combatentes principais nunca tendo se encontrado), o porta-aviões leve japonês Zuiho foi afundado e o porta-aviões de grande porte Zuikaku sofreu danos. Do lado americano, o Hornet foi abandonado depois de um ataque de torpedos, e o Enterprise foi atingido. O dano foi leve, e o navio estava operando novamente dentro de algumas horas. Mas os japoneses estavam convencidos de que tinham afundado o Enterprise e o Hornet, além de um couraçado e vários navios de escolta. Eles sabiam sobre o Hornet por terem visto seu convés abandonado em chamas. O navio que lançou o primeiro ataque contra o Japão foi eventualmente enviado para o fundo do oceano por torpedos japoneses no início da manhã de 27 de outubro.

VITÓRIA TÁTICA

Taticamente, os japoneses tinham conquistado uma vitória. Estrategicamente, os americanos atrasaram o inimigo o suficiente para que, quando o ataque combinado a Guadalcanal chegasse, os fuzileiros e a marinha dos EUA tivessem uma probabilidade maior de assegurar a primeira grande conquista da campanha dos EUA contra as forças japonesas.

← Lutando para evitar chamar atenção do torpedeiro bombardeiro Nakajima B5N 'Kate', o couraçado americano South Dakota revida com metralhadoras da artilharia antiaérea de 127 mm. Em Santa Cruz, ele derrubou 26 aviões japoneses.

ILHAS SALOMÃO

CRONOLOGIA

A campanha por terra dos EUA em Guadalcanal fez os japoneses e a marinha norte-americana terem quatro grandes embates no litoral das ilhas Salomão.

↑ O Indiana abre fogo. O Indiana operava no papel de apoio durante a campanha nas ilhas Salomão, também fornecendo proteção de superfície para os porta-aviões Enterprise e Saratoga. Apenas dois outros couraçados - Washington e South Dakota - estavam no cenário do Pacífico na época.

1942

8 DE AGOSTO

Uma grande unidade de navios japoneses - sete cruzadores e um destróier - navega de Rabaul para atacar navios de transporte da marinha americana e outras embarcações na ilha Savo.

9 DE AGOSTO

Durante as primeiras horas do dia, a força de cruzadores japonesa afunda quatro cruzadores Aliados - três americanos (Vicennes, Quincy e Astoria) e um australiano (Canberra). O sucesso da ação se dá em parte graças à habilidade da marinha japonesa nos combates noturnos. Os navios de transporte dos EUA não são atingidos na batalha.

23 DE AGOSTO

A marinha japonesa tenta transferir abastecimentos para Guadalcanal. Os navios de abastecimento são bem protegidos por unidades de combate contendo três porta-aviões: Ryujo, Zuikaku e Shokaku.

23-24 DE AGOSTO

O comboio de abastecimento japonês é avistado duas vezes por aviões de patrulha dos EUA. Os porta-aviões americanos Saratoga, Enterprise e Wasp, da Força-Tarefa 61, são enviados para interceptá-lo, seguindo para posições ao leste da ilha Malaita.

3:15PM

O Shokaku é danificado por aviões do Enterprise.

3:50PM

O Ryujo é afundado por um grande ataque de bombardeiros de mergulho e torpedeiros do Enterprise.

4:41PM

O Enterprise é atingido por bombas do porta-aviões japonês e é danificado, mas continua podendo operar.

5:40PM
O porta-aviões japonês Chitose é atingido.

25 DE AGOSTO
Dois navios de transporte japoneses afundam enquanto o comboio continua a seguir para as ilhas Salomão. O naufrágio do Jintsu e do Kinryu Maru marca o fim da chamada batalha das ilhas Salomão oriental. Em termos de perdas para a aviação naval, a vitória foi dos EUA: 90 aviões japoneses destruídos, contra 20 americanos.

11 DE OUTUBRO
A batalha do Cabo Esperança começa. Uma força americana de cruzadores e destróieres, comandada pelo Contra-Almirante Norman Scott, cerca um comboio de abastecimento japonês, que era protegido por um esquadrão de cruzadores, tentando passar do lado leste para o oeste das ilhas Salomão.

11:32PM
O confronto começa depois que oportunidades iniciais dos EUA são perdidas por causa de contatos no radar que não são reportados apropriadamente pela força de Scott. O destróier americano Duncan abre fogo, seguido às 11:46pm pelo Helena. Pouco depois, o cruzador Fubuki é afundado e o Furutaka e Aoba são atingidos e danificados.

MEIA-NOITE-00:40AM
Os japoneses dão a volta e recuam, e a ação termina às 00:30am. O cruzador americano Boise é danificado na ação. O cruzador japonês Furutaka afunda às 00:40am.

25 DE OUTUBRO
A batalha de Santa Cruz. Embarcações navais japonesas seguem para posições em Guadalcanal para apoiar a ofensiva japonesa na ilha contra o campo Henderson. A força é avistada pelo avião americano PBY Catalina e as Forças-Tarefa 16 e 17 são enviadas para a interceptação. As forças incluem os porta-aviões Hornet e Enterprise e o couraçado South Dakota. Um ataque aéreo lançado contra dois porta-aviões não consegue localizar os navios japoneses.

26 DE OUTUBRO

2:50AM
Um hidroplano Catalina realiza um bombardeio contra os porta-aviões do grupo do Almirante Nagumo Chuichi. O ataque fracassa.

5:00AM
O Enterprise envia um grupo de busca e ataque de 22 bombardeiros de mergulho Dauntless. Todos os bombardeiros, com exceção de 2, são afundados por caças japoneses. Os dois bombardeiros restantes conseguem atingir o porta-aviões Zuiho às 7:40am.

7:25AM-8:15AM
O Enterprise e o Hornet lançam um ataque em força total de 72 aeronaves contra a força de porta-aviões japonesa. Enquanto isso, os porta-aviões japoneses também lançam um grande ataque aéreo com 110 aviões. As aeronaves dos EUA e do Japão se encontram nos céus.

9:15AM
O Hornet é severamente danificado pelo ataque japonês, sendo atingido por seis bombas e dois torpedos. A tripulação começa a abandonar o navio, e a evacuação é completada por volta das 11:40am.

9:18AM
O já danificado Zuiho é atingido por mais quatro bombas e acaba destruído.

9:30AM
O porta-aviões japonês Shokaku é bombardeado e fica gravemente danificado.

10:15AM
O Enterprise tem seu convés de voo e seu elevador atingidos por bombardeiros de mergulho japoneses. O comandante

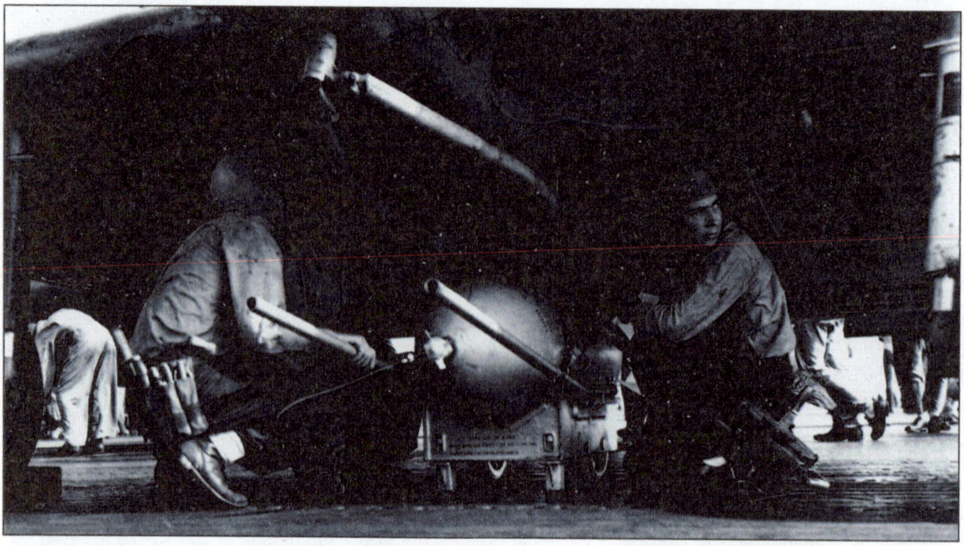

↑ Artilheiros do Enterprise carregam uma bomba altamente explosiva de 227 kg em um bombardeiro de mergulho Douglas SBD Dauntless. A aeronave foi lançada em ataques de bombardeios contra alvos terrestres japoneses em Guadalcanal, com o apoio aéreo sendo a chave do sucesso da campanha em terra nas ilhas Salomão.

Almirante Kinkaid ordena que os navios americanos se retirem da ação.

27 DE OUTUBRO

Os restos do Hornet afundam depois de serem torpedeados por destróieres japoneses.

EVENTOS INTERNACIONAIS 1942

8 DE AGOSTO

Seis agentes alemães são executados nos EUA na cadeira elétrica. No total, oito agentes foram presos em Long Island e Florida em missões de sabotagem.

9 DE AGOSTO

As forças alemãs avançando no Cáucaso capturam os campos de petróleo de Krasnodar e Maikop, apenas para descobrir que eles haviam sido destruídos pelos soldados soviéticos antes da sua retirada.

20 DE AGOSTO

Mais de 4.000 soldados Aliados - a maioria canadense - são mortos ou capturados de uma força de 6.000 que atacou um porto na França ocupada pela Alemanha, em Dieppe. O principal ataque anfíbio, de codinome Operação Jubilee, tinha a intenção de testar as defesas litorâneas alemãs em preparação para uma segunda frente na Europa.

14 DE OUTUBRO

As forças alemãs em Stalingrado lançam outra ofensiva maciça para tentar tomar a cidade. Apesar de usar cinco divisões de infantaria e armamento, a ofensiva não supera a fanática resistência soviética.

23 DE OUTUBRO

Uma grande força de desembarque anfíbio dos EUA navega de Virginia com destino a Marrocos. É parte dos desembarques Aliados no Marrocos e na Argélia, com o codinome de Operação Torch, que tinham como objetivo abrir uma segunda frente na campanha do norte da África.

31 DE OUTUBRO

As forças inglesas na batalha de El Alamein finalmente rompem s linhas alemãs e forçam a retirada de alemães e italianos.

TRILHA DE KOKODA
NOVA GUINÉ 1942-43

A batalha do mar Coral acabou com os planos navais japoneses para uma invasão anfíbia de Port Moresby. Agora era a vez do exército japonês.

A direção principal da grande ofensiva japonesa durante os meses que seguiram Pearl Harbor foi o sudoeste, nos dois lados de um eixo central direcionado para Singapura, mas os comandantes japoneses também sabiam que teriam que se defender das forças americanas pelo leste. Por isso, consolidaram o controle da cadeia de ilhas ao sul – as Marinas, a Carolinas e, especialmente, a ilha e o porto de Truk. Já em 23 de janeiro de 1942 eles tinham enviado uma pequena força para Kavieng, na Nova Irlanda, e uma para Rabaul, na Nova Bretanha, onde uma força de 5.000 homens rapidamente passou por 1.400 soldados australianos da guarnição local.

FAZENDO AS PREPARAÇÕES

No início de março, soldados japoneses desembarcaram sem encontrar oposição em Lae e Salamaua, na Baía de Huon, na costa norte da Nova Guiné, e passaram várias semanas construindo instalações de abastecimento e posições seguras para um possível avanço para o sul. Por terem enfrentado tão pouca interferência – mesmo enquanto construíam um enorme campo aéreo cuja importância tática era óbvia –, assim que souberam que uma grande frota navegava das ilhas Carolinas para capturar Port Moresby, os japoneses ficaram confiantes que o progresso para o sul seria fácil. O maior problema era o terreno difícil.

A derrota da força de invasão japonesa na batalha do Mar Coral acabou com essas presunções confortáveis, mas não com os planos de conquistar Port Moresby: já que a Marinha Imperial tinha falhado em atingir o local, o exército japonês o faria. A necessária reorganização levou tempo e, enquanto isso, a presença australiana na área aumentou.

↑ Os australianos contra-atacaram em setembro de 1942 e expulsaram os japoneses de Uberi. Os abastecimentos japoneses tinham que cruzar as montanhas, enquanto os australianos estavam a apenas 48 km de sua base.

Os comandos australianos — companhias independentes — já invadiam o perímetro japonês e, em abril, a eles se uniu outra companhia. Logo depois disso, duas brigadas australianas chegaram a Port Moresby, outra foi enviada para a Baía de Milne, no lado leste da península, e dois batalhões japoneses receberam ordens de avançar pelas montanhas Owen Stanley, subindo a Trilha de Kokoda para tentar chegar a Buna, na costa norte. Eles deveriam construir um campo aéreo do qual as posições japonesas na costa poderiam atacar.

Sem se abalar com as dificuldades, os japoneses foram em frente. Em 21 de julho, 2.000 homens seguiram para Buna (os batalhões australianos ainda estavam

GUERRA NAS NUVENS: CRUZANDO AS MONTANHAS OWEN STANLEY

Depois de chegar a Buna em 21 de julho de 1942, o 17º Exército japonês lutou para abrir caminho pelas montanhas em Kokoda por uma semana. Durante as três semanas seguintes, os japoneses continuaram a fazer os australianos recuarem, com uma série de ações de retaguarda. No entanto, quanto mais longe os japoneses avançavam em relação à costa, mais incertas eram suas linhas de abastecimento. Em oposição, os australianos estavam a apenas 48 km de sua principal base de abastecimento. Assim sendo, quando a 7ª Divisão australiana contra-atacou em Uberi, em 23 de setembro, os japoneses não estavam em condições de responder.

↓ Os australianos dependeram muito de carregadores locais para transportar tudo, de armamentos e alimentos aos feridos. Esses chamados 'anjos' conseguiam lidar com o exaustivo trabalho de escalar a Trilha Kokoda.

a caminho); ao fim do mês, 13.5000 homens do 17º Exército do Tenente-General Harukichi Hyakutake fizeram o mesmo, indo pelo sul e exterminando companhias independentes em seu caminho, obrigando, quase sem se esforçar, os dois batalhões a recuar. Em 27 de julho, o grupo chegou a Kokoda. Mas a logística acabou interferindo: os japoneses estavam a quase 160 km de suas bases; distância que para os australianos era de apenas 50 km. Assim, o avanço japonês foi interrompido em 25 de agosto. No dia seguinte, a segunda frente do ataque teve início, com o desembarque de quase 2.000 homens na Baía de Milne.

No entanto, o serviço de inteligência japonês falhou. Os japoneses esperavam encontrar apenas duas ou três companhias de infantaria australiana na área. Em vez disso, encontraram praticamente duas brigadas (a primeira tinha sido reforçada), dois esquadrões de batalha e baterias de artilharia. Depois de cinco dias de pesada luta, os japoneses conseguiram atingir os limites do campo aéreo, mas foram gradualmente forçados a recuar, o número de mortos se acumulando cada vez mais. Em 6 de setembro, os sobreviventes foram evacuados.

DE VOLTA À TRILHA

Os australianos avançavam também pela Trilha de Kokoda. Lenta, mas continuamente, eles começaram a alcançar os japoneses subindo pelas 'estrelas douradas' de Uberi. As 'estrelas' eram formadas por degraus de 25 a 45 cm de altura, a parte da frente do degrau consistindo em um pequeno pedaço de madeira sustentado por estacas, com nada além de lama e água por trás. Eles subiram 365 m nos primeiros 5 km.

'ANJOS' NATIVOS

Para os australianos, a exaustão física de escalar as 'estrelas' era quase insuportável. Se não fosse pelos carregadores melanésios (da Melanésia, região da Oceania que contém agrupamentos de ilhas ao sul do Oceano Pacífico) que levavam tudo (e quase todos) com uma lealdade e um entusiasmo que surpreendiam todos que viam, o trabalho teria levado dez vezes mais tempo. No início de outubro, a brigada de frente australiana atingiu a travessia de Templeton no cume das montanhas Owen Stanley. A fome teve sua parcela na derrota japonesa, pois evidências de canibalismo foram encontradas.

VITÓRIA ANZAC

Os australianos retomaram Kokoda em 2 de novembro de 1942 e reabriam seu campo aéreo, de onde podiam receber apoio Aliado em todo o caminho para Buna. Uma tentativa de resistência japonesa no rio Kumusi foi repelida, e a resistência final em Buna foi vencida em 21 de janeiro de 1943.

A campanha na Nova Guiné custou aos japoneses mais de 12.000 homens, enquanto as mortes entre os australianos foram de 5.700; os americanos somaram 2.800 mortos — e quase o triplo desse número sofreu com males tropicais, de malária à exaustão pelo calor. Ainda assim, os Aliados tinham provado que poderiam lutar e derrotar os japoneses, mesmo em condições tão adversas — desde que tivessem supremacia aérea.

↑ O exército japonês tinha provado sua habilidade nas selvas nas Filipinas e na Malásia. Mas a cadeia de montanhas da Nova Guiné apresentaria um desafio para o qual eles não estavam preparados.

↓ Os australianos conseguiram finalmente bloquear o avanço japonês na direção do seu país. Eles tiveram quase6.000 mortos emação, mas muitos mais japoneses morreram — na batalha, de doenças e de fome.

TRILHA DE KOKODA
CRONOLOGIA

A Trilha de Kokoda, que cruza em largura a península sul de Papua, proporcionou uma rota ideal para as forças de invasão japonesas rumarem para a capital, Port Moresby, em março de 1942.

↑ A infantaria australiana na Trilha de Kokoda. O equipamento típico de um soldado australiano durante a campanha podia pesar até 27 kg, e os uniformes cáquis não eram apropriados para as condições na selva. A exaustão pelo calor fez centenas de mortos.

1942

8 DE MARÇO
Dois batalhões de soldados japoneses desembarcam na Nova Guiné, em Lae e Salamaua.

21-22 DE JULHO
Unidades do 18° Exército japonês, comandadas pelo Major-General Horii, desembarcam na parte sul da península de Papua, perto de Buna, na entrada leste da Trilha de Kokoda. Elas começam a avançar pelo oeste na direção da capital, Port Moresby.

22 DE JULHO – 14 DE AGOSTO
As forças de Horii fazem as unidades Aliadas formadas por infantaria dos EUA e da Austrália e pelo Regimento de Infantaria de Papua (montado localmente) recuarem. Em 14 de agosto, os japoneses, que subiam pelas montanhas Owen Stanley, no centro da península, pegando Kokoda na metade da trilha, alcançam Isurava, a apenas 100 km de Port Moresby.

26-26 DE AGOSTO
Forças navais especiais japonesas fazem um desembarque anfíbio na Baía de Milne, com a intenção de abrir outra frente na campanha em Papua. No entanto, a inteligência Aliada já tinha revelado o objetivo dos planos. O desembarque japonês encontra soldados da 18ª Brigada australiana assegurando as cabeças-de-ponte.

29 DE AGOSTO
A operação japonesa na Baía de Milne recebe reforços com mais 600 soldados (2.000 tinham desembarcado originariamente).

30 DE AGOSTO
O General Douglas MacArthur destaca a necessidade de mais reforços militares em defesa de Papua, ou a ilha seria perdida.

4 DE SETEMBRO
Depois de perder 1.000 homens, os japoneses na Baía de Milne começam a evacuação, sem conseguir passar pela resistência Aliada.

26 DE SETEMBRO

O avanço japonês pela Trilha Kokoda estanca, deficiente de abastacimentos e com muitas mortes. Os australianos lideram uma ofensiva ao oeste de Toribaiwa. Os japoneses são forçados a recuar pela Trilha.

OUTUBRO

Soldados da 32ª Divisão dos EUA desembarcam entre Pongani e Wanigela, na costa leste de Papua, abaixo do fim leste da Trilha de Kokoda.

NOVEMBRO

Os japoneses voltam para as posições defensivas em Buna, Gona e Sananandа. A partir de meados de novembro, soldados americanos do sul e soldados australianos do oeste atacam as posições japonesas na tentativa de conquistar a Trilha de Kokoda.

9 DE DEZEMBRO

Gona é conquistada pelas forças australianas.

14 DE DEZEMBRO - JANEIRO DE 1943

Buna cai diante das forças norte-americanas em 2 de janeiro de 1943. Ao fim de janeiro, Sananada também é tomada. Assim, os Aliados conseguem retomar toda a Trilha Kokoda, perdendo 3.000 homens, contra 12.000 mortos japoneses.

EVENTOS INTERNACIONAIS 1942

7 DE AGOSTO

Forças dos EUA desembarcam em Guadalcanal, dando início a uma batalha sangrenta para recuperar a ilha e assumir a possessão do vital campo Henderson.

15 DE AGOSTO

Cerca de 500 famílias judaicas são executadas por soldados alemães em Zagrodski, Polônia.

15 DE SETEMBRO

O porta-aviões dos EUA Wasp é torpedeado e afundado por um submarino japonês perto de Guadalcanal.

23 DE SETEMBRO

Nos EUA, o governo transfere a responsabilidade do desenvolvimento da bomba atômica para os militares.

3 DE OUTUBRO

Forças de segurança alemãs na Polônia completam o extermínio dos judeus de Varsóvia. Cerca de 310.000 judeus

← O uso de trabalhadores locais era essencial para a logística Aliada em muitas campanhas. Aqui, um soldado australiano acende um cachimbo para um homem que carregava os suprimentos durante a campanha na Nova Guiné de 1943.

↑ Uma fila de carregadores nativos começa a descer uma montanha da Nova Guiné. As forças Aliadas na Trilha de Kokoda foram forçadas a escalar cadeias de montanhas na selva, a 2.100 m acima do nível do mar.

do gueto foram 'realocados' para campos de morte.

20 DE OUTUBRO

O premiê da França de Vichy, Pierre Laval, faz um apelo público para 100.000 trabalhadores franceses irem para a Alemanha apoiar o esforço de guerra do Eixo.

24 DE OUTUBRO

Na Itália, Gênova e Milão são alvos de bombardeios da RAF, os primeiros bombardeios à Itália em que os aviões da RAF partem do Reino Unido.

11 DE NOVEMBRO

Depois de desembarques Aliados na Tunísia de 8 a 11 de novembro, soldados alemães na França seguem para a antes não-ocupada área de Vichy, temendo uma invasão no sul da França ou a colaboração francesa com os Aliados.

25 DE NOVEMBRO

A Luftwaffe começa uma fútil operação aérea de quatro meses para manter o cercado 6º Exército em Stalingrado.

27 DE NOVEMBRO

Membros da marinha francesa fazem furos para afundar mais de 40 barcos em Toulon com a intenção de impedir que a esquadra francesa fosse usada pelos alemães. Os navios perfurados incluem dois couraçados, 29 destróieres e dois submarinos.

1943

1º DE JANEIRO

Forças soviéticas começam grandes ofensivas no Cáucaso enquanto a resistência alemã em Stalingrado entra em colapso.

TARAWA SANGRENTA
BATALHA PELAS ILHAS GILBERTS

Rodeado por um recife de coral, o pequeno atol de Tarawa parecia um pedaço do paraíso no Pacífico. Mas suas pedras de corais eram perfuradas com túneis que davam abrigos a 5.000 japoneses.

O avanço americano de 1943 a 1945 para o Japão seguiria dois eixos principais: um pelas ilhas Salomão, Nova Guiné e Filipinas e outro, paralelo, pelos muitos atóis da Micronésia. Neste último, as ilhas Marshalls eram estrategicamente o ponto mais importante, mas tinham sido consideravelmente fortificadas desde o início do mandato japonês, após a I Guerra Mundial. Pouco se sabia sobre as ilhas Marshalls e, para proteger a retaguarda do avanço, as ilhas Gilbert, ao sudeste, tinham que ser asseguradas primeiramente. Uma missão de reconhecimento aéreo mostrou que as ilhas de Tarawa (com um campo aéreo) e Makin (com uma base de hidroavião também adequada para um campo aéreo) eram pontos-chave. As duas ilhas foram, dessa forma, atacadas simultaneamente em 20 de novembro de 1943.

ATAQUE DIVERSIONISTA

Na abertura do plano estava a recém-constituída 5ª Esquadra do Vice-Almirante Raymond Spruance, com cinco modernos couraçados dando proteção para seis esquadras e cinco porta-aviões leves, com 700 aeronaves. A intenção era diversionista: conseguiu atrair a principal frota japonesa para longe de sua base, em Truk, nas ilhas Carolinas, para Eniwetok, nas ilhas Marshalls. A apenas 1.125 km de Makin, e contando com seis couraçados em sua força, essa frota agora tinha pouco uso prático, pois seus porta-aviões foram obrigados a retornar para o Japão para se unir com novos reforços aéreos para a defesa de Rabaul. Apenas o veterano de Pearl Harbor Zuikaku permaneceu, e ele contava com um pequeno grupo aéreo. O comandante japonês, portanto, não conseguiu atacar e enviou metade dos seus 18 submarinos disponíveis para o sul, a fim de procurar alvos de oportunidade.

→ O líder de um esquadrão de fuzileiros navais direciona o poder de fogo de seus homens contra um ponto forte japonês. As posições defensivas japonesas eram cuidadosamente pensadas para proporcionarem apoio mútuo de ataque, o que causou muitas perdas entre os fuzileiros enquanto eles lutavam para avançar.

A CONQUISTA DE MAKIN

Sabia-se que Makin possuía poucas defesas, mas, como significativas bases aéreas japonesas estavam localizadas em Mili e Jaluit, a menos de uma hora de distância por ar, forças desproporcionalmente grandes foram usadas para assegurar a ilha rapidamente e começar a construção de um campo aéreo.

Poucos navios anfíbios estavam disponíveis, e os soldados americanos desembarcaram no lado oeste da ilha em barcos LCVPs (de navios de transporte) e LVTs (tratores anfíbios) dos dois LSTs (navios do tipo anfíbio) disponíveis. Enquanto eles se apressavam, um bombardeio aéreo japonês que durou 20 minutos foi seguido por ataques de alguns couraçados antigos, além de cruzadores e destróieres. Foi sorte que a resistência na ilha era irrisória, pois as águas no litoral estavam muito mais rasas do que o esperado e, diante do congestionamento que se armava, os navios de transporte tiveram que se aproximar da praia para acelerar o processo. Por volta das 10h, quando a cabeça de ponte foi assegurada, um segundo ataque acontecia às margens da lagoa da ilha, uma das muitas que margeavam o atol como um colar irregular.

Mais uma vez, o ataque foi em escala menor, com mais navios LCTs sendo seguidos por um grupo de LCMs (navios de transporte). Apenas 800 japoneses estavam na praia, e menos da metade eram soldados de combate. Mas sua resistência habilidosa e teimosa manteve 6.500 fuzileiros navais afastados por três dias até a chegada da mensagem que 'Makin foi tomada'.

Makin era apenas uma pequena parte do atol, com cerca de 13 km de comprimento, e Tarawa, a cerca de 120 km de distância, era ainda menor. Sua área era medida apenas em acres e não chegava a mais de 3 m acima do nível do mar. A ilha era quase totalmente tomada pelo seu campo aéreo, que foi defendido por quase 5.000 soldados, bem abrigados nas rochas. Os americanos desembarcaram apenas 5.000 fuzileiros navais, que, com seus veículos LVTs, sofreram para ultrapassar os corais, cuja extensão costeira era de até 500 m. Muitos se afogaram por causa do peso de seu equipamento quando eram feridos ou simplesmente caíam.

Foram necessários outros três dias de combate corpo a corpo para assegurar a ilha, com os dois lados próximos demais para as embarcações terem alguma influência além de destróieres atirarem contra bases aéreas inimigas. Ao fim de 23 de novembro, nenhum japonês tinha sobrevivido, e o campo aéreo operava sob nova direção. Tarawa seria uma escala para muitos desembarques a partir dali e muito foi aprendido com o combate. Em relação aos inimigos, apenas 150 tinham sido capturados com vida, enquanto os americanos sofreram cerca de 3400 baixas, incluindo 990 mortes.

O sucesso das operações dos EUA era em grande parte resultado da falta de habilidade do Japão em atingir os grupos de apoio naval dos quais os EUA dependiam tanto. O poder aéreo norte-americano, baseado em porta-aviões, suprimia a escassa força aérea japonesa, mas, mesmo assim, um contra-ataque comparativamente menor conseguiu acertar um torpedo no porta-aviões leve Independence, que teve que ser retirado de ação. Os porta-aviões maiores estavam começando a operar com caças de patrulha noturna equipados com radar, o que possibilitou derrotar a tática japonesa de ataques noturnos com bombardeiros torpedeiros usando marcações realizadas por hidroaviões de reconhecimento.

Para piorar, a dimensão dos eventos na praia obrigou a frota a permanecer ancorada por mais tempo do que havia sido antecipado e, depois de 22 de novembro, submarinos japoneses começaram a chegar. Enquanto quatro dos oito submarinos foram afundados (uma perda catastrófica para o Japão), um deles (1-175) torpedeou o porta-aviões de escolta Liscombe Bay no início do dia 24. O balanço final da batalha expôs cruelmente os padrões relaxados adotados por conveniência para produzir os CVEs (porta-aviões de escolta) em maior número.

← O coral cercando Tarawa se destaca claramente. Era um obstáculo natural difícil de vencer, pois nenhuma embarcação conseguia passar os últimos 460 m da barreira, e os fuzileiros não tinham escolha além de caminhar pela água e esperar que pudessem vencer a linha defensiva.

PERDA DE VIDAS

O torpedo foi lançado em meio aos navios e seus estilhaços atingiram os desprotegidos tabiques do armazém de bombas. Em uma explosão catastrófica, toda a parte traseira do pequeno porta-aviões foi afetada, e o convés de voo acabou destruído. O impacto da explosão foi tão grande que o velho couraçado New Mexico, a 1,6 km de distância, recebeu uma chuva de destroços. Dois terços dos 900 membros da tripulação perderam vida.

↓ Almirante Hill e sua equipe observam do couraçado Maryland os bombardeios. Parecia impossível que qualquer um sobrevivesse ao poder de fogo da linha naval ofensiva dos EUA em Tarawa, mas os japoneses tinham cavado suas posições bem fundo.

TARAWA SANGRENTA CRONOLOGIA

Tarawa foi uma demonstração do que aguardava as forças dos EUA começando a reivindicar as conquistas japonesas nas ilhas do Pacífico. O atol da principal ilha de Tarawa, Betio, tinha apenas 2.740m de largura e 550 m de comprimento, mas mais de 5.000 morreram nos três dias de batalha.

→ Um fuzileiro americano ferido em um ataque aéreo japonês em Tarawa aguarda atendimento médico. Os 1.056 mortos no pequeno atol do Pacífico foram motivo de muita controvérsia nos EUA, mas a experiência ajudou a aperfeiçoar as táticas anfíbias do exército.

1943

NOVEMBRO

Forças de invasão dos EUA seguem para Betio – a principal ilha do atol de Tarawa. A ilha tem uma guarnição de 4.500 soldados de elite japoneses e apresenta armamento defensivo pesado. A força dos EUA contém 35.000 fuzileiros navais e soldados da infantaria do exército da 37ª Divisão de Infantaria.

13-20 DE NOVEMBRO

Tarawa e Makin, nas ilhas Gilbert, são alvos de pesados bombardeios navais e aéreos dos EUA.

20 DE NOVEMBRO

9:10AM

Unidades de fuzileiros dos EUA começam a desembarcar no lado sudoeste de Betio e encontram resistência extrema. As baixas em alguns grupos atingem 50% antes mesmo da chegada à praia. Seguindo as instruções dos membros do exército dos EUA já na praia, os fuzileiros conseguem avançar com mais consistência, e, ao fim do dia, três batalhões de fuzileiros desembarcaram.

21 DE NOVEMBRO

Fuzileiros e soldados dos EUA chegam a Makin, outra parte das ilhas Gilberts. O desembarque é comparativamente mais fácil, embora todos os 800 membros da guarnição japonesa, com exceção de 1, acabam mortos na ação.
Os EUA contabilizam 66 mortes.
A ilha de Apamama também é tomada — a guarnição de 22 homens que protegia a ilha cometeu suicídio.
22 de novembro. Os fuzileiros começam a ganhar terreno na ilha contra uma furiosa defesa japonesa. O progresso é lento — cada abrigo e posição japoneses têm que ser completamente destruídos para dar continuidade ao avanço — mas as partes oeste e central da ilha são asseguradas por volta das 8:00pm.

22-23 DE NOVEMBRO

Durante a noite, forças japonesas lançam um grande contra-ataque ao leste da ilha. O ataque é suicida, e o custo é de 300 a 500 mortos no amanhecer do dia 23 de novembro. Às 1:05pm, as últimas forças japonesas confinadas no extremo noroeste de Betio são finalmente destruídas, trazendo a ilha e o arquipélogo de Gilbert para as mãos dos EUA.

↓ Soldados de ataque da infantaria dos EUA são transferidos de um navio LSI para um pequeno barco de ataque antes dos desembarques anfíbios. Um LSI podia carregar até 1.000 soldados, enquanto os barcos levavam até 60 homens.

EVENTOS INTERNACIONAIS 1943

15 DE NOVEMBRO

As políticas nazistas de extermínio de judeus são estendidas para ciganos. Heinrich Himmler, chefe da SS, dá a ordem para todos os ciganos serem enviados para campos de concentração.

16 DE NOVEMBRO

Bombardeiros da força aérea do 8º Exército dos EUA atacam a fábrica de tratamento de água alemã em Vermork, Noruega. A fábrica é um centro vital para a produção alemã de arma atômica.

19 DE NOVEMBRO

O Comando de Bombardeio da RAF começa pesados ataques aéreos na capital da Alemanha, Berlim. Quatro grandes ataques são lançados só na primeira semana.

22 DE NOVEMBRO

O 8º Exército Inglês avançando no norte da Itália consegue assegurar cinco cabeças-de-ponte no banco norte do rio Sangro.

22 DE NOVEMBRO

O Brasil anuncia o envio de uma força de 60.000 homens para o cenário europeu da guerra. Assim, cerca de 25.000 soldados da Força Expedicionária Brasileira lutam na campanha italiana.

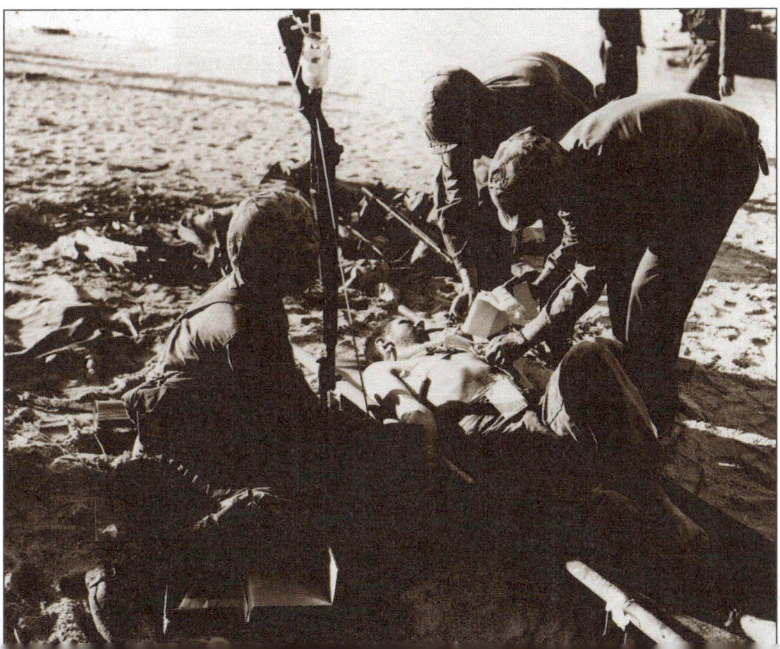

← Um fuzileiro gravemente ferido em Tarawa recebe uma salvadora transfusão de sangue na praia, com um frasco de plasma pendurado em um rifle. A descoberta dos EUA em 1939 de que plasma sanguíneo poderia substituir a transfusão de sangue revolucionou a medicina de combate.

IMPHAL E KOHIMA
VITÓRIA DO EXÉRCITO ESQUECIDO

Março de 1944: com base no pensamento que o ataque é geralmente a melhor forma de defesa, o 15º Exército japonês ataca em Burma.

↓ Lutando em terreno e clima difíceis contra um inimigo selvagem e brutal, os soldados do 14º Exército enfrentaram as mais duras campanhas da guerra. Inicialmente vestindo uniformes cáquis usados no Oriente Médio, em 1943, os soldados do reino inglês usavam um uniforme verde-selva feito de material celular. O tecido frequentemente tinha listras pretas para melhorar a camuflagem.

↓ Soldados japoneses atravessam o rio Chindwin em elefantes no início da ofensiva 'U-Go'. Ao fim da amarga batalha, metade dos soldados japoneses havia morrido.

Os eventos que levaram à batalha por Kohima começaram na noite de 7 de março de 1944, quando o Tenente-General Renya Mutaguchi, que comandava o 15º Exército japonês, lançou a Operação U-go, enviando suas divisões pelo rio Chindwin em um ataque batizado de 'A Marcha para Deli'. Na primeira fase estariam as conquistas de grandes armazéns e centros de administração que os ingleses tinham construído em Imphal.

↑ Patrulheiros avançam. O 15º exército japonês lutou com coragem e ferocidade; derrotar uma oposição tão fanática foi um grande feito das forças do Reino Unido.

Ataques diversionários foram lançados ao sul de Imphal, mas, além do ataque principal ao almoxarifado militar, o passo mais importante foi o deslocamento da 31ª Divisão, do Tenente-General Sato, que cruzou o Chindwin em 15 de março e seguiu para o pequeno povoado de Kohima na vila Naga, com um espaço aberto no qual o destacamento de tropas armadas treinaram, um campo de reforços onde soldados que retornavam de licença ou deixavam o hospital esperavam a próxima ação, o bangalô do comissário local com um jardim no terraço e uma quadra de tênis e sua posição tática vital no comando da única estrada pela qual os reforços ingleses podiam seguir para Imphal vindos do fim da ferrovia de Manipur.

DEFESA BRITÂNICA RÁPIDA

Eles enfrentaram um perímetro de defesa rapidamente organizado com cerca de 1.500 homens, a maioria do 4º Royal West Kents, acrescidos de homens da força paramilitar indiana Assam Rifles (recuando de posições avançadas de onde observavam e tentavam atrasar o avanço de Sato) e os extraordinariamente corajosos aldeões de Naga. Uma formação vital inglesa, a qual os primeiros invasores japoneses desconheciam, era uma bateria de metralhadoras de 94 mm localizada no lado oposto de uma montanha em Jotsoma, a 3,2 km ao oeste de Kohima, formada por atiradores da 161ª Brigada Indiana.

Em questão de horas, os japoneses do 58º Regimento receberam provas da ferocidade do grupo — e, o Royal West Kents, da teimosia dos adversários. Os japoneses varreram Kohima da vila Naga à montanha Jail e, na noite de 6 de abril, conseguiram conquistar mais dois locais dentro do perímetro de defesa, conhecidos como D.I.S. e F.S.D. Mas as unidades de ataque foram aniquiladas na manhã seguinte pelo contra-ataque dos Royal West Kents.

No entanto, a essa altura, mais e mais membros dos 12.000 homens da infantaria de Sato e seus atiradores estavam chegando, e o próprio comandante estava confiante que em 48 horas venceria. Sete dias depois, sua confiança estava abalada. Na noite de 13 de abril, ataques em massa de grupos de soldados foram parados pela teimosa infantaria de defesa, ajudada pela mira incrivelmente acurada dos atiradores de Jotsoma. Eles conseguiram desfazer as formações japonesas, deram cobertura para os grupos de defesa e saquearam os sobreviventes assim que receberam ordens de voltar.

No dia seguinte, reforços para os aflitos ingleses chegaram a Jotsoma e começaram a planejar abrir caminho com explosões pelos últimos 3,2 km. Isso se mostrou extremamente difícil. O atraso necessário de 24 horas foi quase fatal, pois, durante aquela noite, os japoneses tinham explodido a localidade F.S.D. com todas as bombas e morteiros que tinham; o perímetro de defesa começou a se desintegrar, e as posições em F.S.D. e na sua vizinha Kukri Piquet foram perdidas. Mas, às 08h do dia 18 de abril, os ingleses em Jotsoma e nos arredores responderam com um bombardeio devastador à altura e, sob essa proteção, conseguiram aliviar a guarnição original.

A batalha, no entanto, ainda não tinha acabado. No lado britânico, brigadas da 2ª Divisão avançavam pela estrada de Dimapur, enquanto, no lado japonês, mais e mais membros da 31ª Divisão de Sato eram posicionados. Como não havia espaço físico para as duas divisões (inglesa e japonesa) operarem na área de Kohima, ações para encurralar o inimigo foram tentadas pelos dois lados no entorno de Kohima. A situação era tal que uma taxa de avanço de 1,6 km por dia sem nenhuma oposição inimiga era aceita como a média. Quando, em 27 de abril, uma chuva torrencial começou a cair, o avanço se tornou quase impossível, e problemas como diarreia e disenteria causaram mais baixas do que armas e bombas.

Durante todo tempo esse, na parte central da cadeia de montanhas de Kohima, o núcleo da batalha continuava em combate. Os Durhams enfrentaram um ataque na montanha Garrison que custou a Sato tantas baixas que ele ordenou que não fossem mais realizados ataques noturnos e enviou uma mensagem dura para Mutaguchi reclamando do tempo que ele demorava para conquistar Imphal e da total falta de apoio e de abastecimento em Kohima.

RUMO AO BANGALÔ

Ao fim de abril, A 2ª Divisão Dorsetshires tinha começado a lutar para avançar em Kohima na direção do bangalô do comissário e alcançou o limite da quadra de tênis. O local de tornou palco de um conflito quase Pírrico.

As forças opostas eram separadas por menos de 22 m, mas os japoneses tinham chegado antes e, como eram bons em escavação, tinham se enterrado profundamente no terreno, que era elevado na parte final, e também debaixo de um grande tanque de água que dominava a área. Ninguém podia agir em área aberta à luz do dia — as lojas de Dimapur estavam surpresas pela contínua demanda de calçados de ginástica para o patrulhamento noturno. Embora as ações se mostrassem efetivas, a batalha se arrastou com uma ferocidade crescente, e apenas em meados de maio, quando um único tanque conseguiu vencer o caminho tortuoso e começou a explodir os abrigos japoneses, os ingleses puderam decretar sua vitória no 'primeiro tempo'.

Ao fim de maio, Sato sabia que não conseguiria dominar Kohima e que não havia sentido em mais sacrifícios. Depois de uma raivosa troca de mensagens com Mutaguchi, ele enviou seu ultimato irritado ('A habilidade tática da equipe do 15º Exército está abaixo da dos cadetes'), encerrou as transmissões de rádio e ordenou que seus homens se retirassem.

Os soldados japoneses se retiraram de modo relutante, brigando desesperadamente para se livrar do cerco inglês e lançando suas últimas bombas e morteiros. A história da agonizante caminhada do exército japonês de volta para Chindwin, se alimentando de grama e raízes, suas roupas e botas despedaçadas, usando bengalas ou seus rifles quebrados como apoio, é um épico de resistência e coragem que nenhum soldado jamais irá menosprezar, e certamente não os homens igualmente virtuosos que lutaram contra eles.

→ Em uma clareira, a tripulação abastece o Hawker Hurricanes com bombas. A força aérea japonesa havia sido derrotada em Burma, permitindo que as forças terrestres inglesas recebessem abastecimento por via aérea.

IMPHAL E KOHIMA
CRONOLOGIA

No início de 1944, forças japonesas estavam preocupadas (com razão) com a hipótese de os Aliados lançarem uma ofensiva no centro de Burma das posições nas fronteiras da Índia. A invasão japonesa da Índia em março de 1944 era direcionada a Imphal e Kohima, pontos de apoio do 14º Exército do General Slim.

1944

4 DE FEVEREIRO
A 55ª Divisão Japonesa ataca no Arakan contra a XV Corps inglês, com a intenção de atrair reservas inglesas e afastá-las da ofensiva principal na direção de Imphal. Apesar das posições inglesas em Sinzweya estarem completamente cercadas, elas não são derrotadas — e ainda causariam aos japoneses 5.000 baixas nas semanas seguintes.

7 DE MARÇO
A principal ofensiva japonesa para Imphal tem início, com o codinome Operação U-Go. A 33ª Divisão começa um avanço de duas frentes na direção de Imphal pelo sul, passando por Tiddim e Tamu.

9-13 DE MARÇO
A 17ª Divisão Indiana em Tiddim recua quando a ofensiva japonesa ameaça encurralá-la. Em compensação, o avanço mais ao norte conquista Tamu, mas é interrompido antes de chegar a Imphal por uma vigorosa defesa da 20ª Divisão Indiana em Shenan Saddle.

15-16 DE MARÇO
Mais duas ofensivas japonesas são lançadas como parte da U-Go. A 15ª Divisão Japonesa avança diretamente na direção de Imphal, enquanto a 31ª Divisão segue por três rotas para Kohima.

19 DE MARÇO
Imphal começa a receber reforços ingleses na forma das 5ª e 7ª Divisões.

↑ Um soldado chinês recebe instruções de um membro da infantaria australiana sobre a operação do rifle americano M1 Garand em Burma, em 1944.

4-7 DE ABRIL
As 31ª e 15ª Divisões japonesas alcançam, isolam e cercam Kohima e Imphal, respectivamente.

7 DE ABRIL
A XXXIII Corps inglesa começa suas operações para aliviar Kohima e Imphal.

12 DE ABRIL
Forças japonesas isolam a principal estrada de Kohima a Imphal. Os Aliados nesses locais agora dependem completamente do abastecimento aéreo da 3ª Força Aérea Tática da RAF para manter sua arriscada defesa.

14 DE ABRIL
Os ingleses da 5ª Brigada de Dimapur dominam um bloqueio japonês em uma estrada perto de Zubza, no lado oeste

da trilha de Kohima, e aliviam a cercada 161ª Brigada Indiana.

18 DE ABRIL

A 5ª Brigada começa a atacar as defesas japonesas ao redor de Kohima.

26 DE ABRIL

Os Aliados começam uma grande ofensiva para libertar Kohima de toda a resistência japonesa. A 4ª Brigada ataca do sul e a 5ª Brigada avança do norte, enquanto outros membros da 5ª Brigada e da 161ª Brigada Indiana mantêm a pressão no centro.

MAIO-3 DE JUNHO

A batalha de Kohima é uma luta dura de ofensiva e contraofensiva. Membros da 31ª Divisão Japonesa começam a recuar com o peso do avanço Aliado em 31 de maio. Gradualmente, os soldados ingleses e indianos vencem as defesas japonesas ao redor da vila de Naga e nas montanhas em Kohima, ao oeste. Em 3 de junho, Kohima está de volta às mãos Aliadas. A 2ª Divisão Inglesa (da qual a 5ª Brigada era parte) agora segue para o sul, na direção de Imphal.

3-22 DE JUNHO

A 2ª Divisão Inglesa continua a avançar para Imphal e, enquanto isso, a IV Corps realiza a defesa interna de Imphal contra as constantes ofensivas japonesas. As baixas são extremamente numerosas dos dois lados. Os ingleses, no entanto, têm a vantagem de uma eficiente linha de abastecimento aérea: mais de 10.000 reforços chegam para os bolsões de defesa.

22 DE JUNHO

A 2ª Divisão Inglesa e a 5ª Divisão Indiana se reúnem com membros da IV Corps em Milestone, perto de Kangpopki, 24 km ao norte do perímetro de defesa britânico em Imphal. Também nesse dia, a rota de abastecimento Imphal-Dimapur é reaberta. Os japoneses assumem a posição defensiva.

↓ Membros de tribos locais trabalham para abrir caminho na estrada de Imphal-Kohima. A estrada foi assegurada pelos japoneses em 12 de abril, mas os Aliados conseguiram superar os problemas de abastecimento usando vias aéreas para entregar suprimentos essenciais para as unidades cercadas.

18 DE JULHO

A força japonesa se retira de Imphal para o rio Chindwin. As perdas de toda a campanha U-Go somam 65.000 homens.

EVENTOS INTERNACIONAIS

1944

15 DE MARÇO

Um maciço ataque de bombardeio e artilharia Aliados devasta a cidade italiana de Cassino. Mais de 770 bombardeiros lançam 1.750 toneladas de bombas na cidade, sendo que a artilharia já tinha lançado quase 200.000 balas nas posições alemãs.

19 DE MARÇO

Forças alemãs ocupam a Hungria para proteger o flanco sudeste da Alemanha.

8 DE ABRIL

Forças soviética avançando pelos Bálcãs entram na Romênia à força, depois de realizar travessias preliminares em 2 de abril.

29 DE ABRIL

Navios torpedeiros alemães atacam um exercício de treinamento dos EUA no Canal da Mancha, matando 638 soldados dos EUA. O exercício era parte dos preparativos para os desembarques do Dia D.

18 DE MAIO

Monte Cassino finalmente cai diante das forças Aliadas na Itália, abrindo caminho para Roma pelo vale Liri.

4 DE JUNHO

Roma é ocupada pelos Aliados, os alemães se retiram.

17 DE JUNHO

Forças dos EUA invadem as ilhas Marianas, desembarcando primeiro em Saipan, ocupada por 32.000 soldados japoneses.

O GRANDE TIRO AO PATO NAS ILHAS MARIANAS

19 de junho de 1944: a marinha japonesa luta para defender as ilhas Marianas naquela que estava destinada a ser a última das grandes batalhas de porta-aviões da guerra no Pacífico.

Em 15 de junho de 1944 (apenas nove dias depois dos desembarques na Normandia), uma força de invasão americana de 535 navios alcançou Saipan, nas Marianas, depois de uma passagem de nove dias pelas ilhas Marshalls. Esse grande passo na reconquista do Pacífico Central foi possível apenas pela maciça concentração de poder aéreo disponibilizada pela frota de porta-aviões dos EUA.

A operação provocou a resposta poderosa dos japoneses que os americanos esperavam. Quase toda a força de superfície do inimigo foi reagrupada, formando a 1ª Frota Móvel, que reunia cerca de cinco frotas e quatro porta-aviões leves, com o comando geral exercido pelo Vice-Almirante Jisaburo Ozawa, sucessor de Nagumo no comando da força de ataque da Marinha Imperial. Às 430 aeronaves dos porta-aviões de Ozawa seriam somadas mais 540, cujas bases estavam em um anel de pistas aéreas nas ilhas. Assim, se os americanos fossem atraídos para batalha dentro desse perímetro, os aviões de Ozawa poderiam ter sua força dobrada, reabastecendo em qualquer ponto das ilhas e atacando os invasores por todos os lados.

No entanto, os japoneses eram inferiores em todos os aspectos, menos no alcance das armas. A Força-Tarefa 58 (com comando geral da 5ª Frota do Almirante Raymond Spruance, mas controlada taticamente pelo Vice-Almirante Marc Mitscher) tinha sete frotas e oito porta-aviões leves, com 900 aeronaves e tripulação com treinamento superior, contando ainda com o apoio de porta-aviões de escolta como reforços.

↑ Metralhadoras de 40 mm a bordo de um dos porta-aviões americanos atiram nos bombardeiros japoneses que se aproximam. Os cruzadores e destróieres dos EUA se agrupavam ao redor dos porta-aviões para lhes dar mais segurança.

Em termos táticos, qualquer ação seria necessariamente influenciada pelo fato de que Spruance estava encarregado da defesa de Saipan e que os ventos do leste permitiriam que o Japão lançasse suas aeronaves enquanto os navios avançavam para a ilha — já os americanos teriam que reverter o curso. Spruance tinha sabiamente reduzido os riscos por meio de uma guerra de desgaste de uma semana contra os aviões e pistas aéreas de Ozawa com base na praia.

↑ Um avião japonês é destruído por fogo da artilharia antiaérea dos EUA. A tripulação japonesa sempre teve muita coragem. Um dos pilotos do Taiho, Sakio Komatsu, avistou os torpedos lançados pelo Albacore indo na direção do seu navio e se jogou na frente deles para salvar o porta-aviões.

Depois de deixar as Filipinas em 15 de junho, a frota japonesa avançou sem problemas, mas sua posição era reportada pelos submarinos dos EUA. Por outro lado, os aviões de longo alcance de Ozawa conseguiram localizar Spruance. A Força-Tarefa 58 estava operando em quatro grupos de porta-aviões rápidos, espaçados em 20 km no centro e protegidos a 24 km ao oeste pelo grupo de batalha de superfície do Vice-Almirante Willis Lee (incluindo sete couraçados) disposto em uma barreira. Na manhã de 19 de junho, a Força-Tarefa ainda se ocupava em passar pelas ilhas quando, às 08h30 (e ainda sem ter sido avistado), Ozawa realizou um ataque de 69 aeronaves a 480 km de distância, as aeronaves recebendo ordens de atacar e então reabastecer na praia antes de retornar. Felizmente, Lee detectou o ataque no radar a 240 km, dando tempo para reunir uma força de Grumman F6F Hellcats, que destruiu 45 inimigos com o registro de apenas uma perda. Por esse sacrifício, os japoneses acertaram de raspão três navios e atingiram o couraçado South Dakota com uma bomba.

Apenas uma hora depois da primeira manifestação inimiga chegou uma segunda e mais poderosa onda de atacantes, com 110 aviões. Os americanos, totalmente alertas e preparados, derrubaram mais 79 aviões, ao custo de outro acerto de raspão — a recente introdução de munição de proximidade tinha aumentado muito a eficiência da artilharia americana.

Ozawa ainda não estava ao alcance dos aviões de Mitscher, mas podia ser alvo dos submarinos. Às 09h10, o Taiho foi atingido por um torpedo do Albacore e, três horas depois, o navio veterano de Pearl Harbor, Shokaku, foi perfurado por quatro torpedos do Cavalla. Nenhum dos dois porta-aviões parecia correr risco de afundar, mas, às 15h10 e 15h30, respectivamente, eles foram destruídos por explosões maciças causadas por vapores de combustível que vazaram das rachaduras. O terceiro ataque de Ozawa com 42 aeronaves foi lançado às 10h e conseguiu passar pela linha de fogo de Lee, mas, tentando atacar do norte, passou batido por Mitscher e não atingiu nada pela perda de sete aviões. Um quarto e último ataque, com uma força de 82 aeronaves, deixou os deques de Ozawa às 11h30. Mais uma vez, não conseguiu localizar o alvo, e apenas 9 retornaram, pois 49 foram derrubados por Hellcats em Guam ou explodiram tentando pousar nas esburacadas pistas de voo.

Incrivelmente, o Almirante japonês parecia não estar ciente da escala de suas perdas e acreditava nos relatos otimistas de seus pilotos. Com cerca de 100 aviões a bordo, mas ainda sem ter sido localizado pelos aviões de reconhecimento americanos, Ozawa rumou para o oeste para reabastecer durante a noite e voltar à batalha na manhã seguinte. Ele, na realidade, já havia sido derrotado, tendo sofrido em 19 de junho um total de perdas de 346 de aviões, contra 30 perdas americanas. Não é à toa que os americanos apelidaram o episódio de 'Grande Tiro ao Pato nas Marianas'.

Às 14h30, Mitscher tinha virado na direção oposta para recuperar suas aeronaves. Apenas às 20h Spruance permitiu que três de seus quatro grupos de porta-aviões virassem para o oeste para perseguir os japoneses. Se não fosse por sua relutância em se retirar e admitir a derrota, Ozawa teria saído livremente, mas, por fim, às 15h40 de 20 de junho, ele foi descoberto a 445 km de distância por um avião Grumman TBF Avenger do Enterprise. Já era tarde, mas Mitscher aproveitou a oportunidade e em dez minutos colocou 210 aviões no ar, seguindo os japoneses a alta velocidade para diminuir o máximo possível a extensão do seu voo de volta.

O ataque foi difícil e, apesar de 20 perdas para a barreira japonesa, os americanos acertaram dois torpedos no porta-aviões Hiyo (que, como os outros, explodiu e afundou), atingiram com bombas o último navio sobrevivente de Pearl Harbor, Zuikaku, e o porta-aviões leve Chiyoda e danificaram irreversivelmente dois petroleiros. Os 85 caças de cobertura, enquanto isso, afundaram estimados 65 japoneses em sua defesa. Com o tanque de combustível quase vazio e voando na escuridão da noite, 80 aviões americanos tiveram que pousar antes de alcançar seus porta-aviões, mas muitos tripulantes foram resgatados por hidroaviões no dia seguinte.

A controvérsia vai continuar a rondar a questão de se Spruance e Mitscher deveriam ter tomado mais cuidado ou então ter aproveitado a oportunidade em Saipan e partir para aniquilar Ozawa. O comandante japonês, embora completamente derrotado, lutou uma excelente batalha tática. Seja como for, a vitória americana no mar das Filipinas marcou a destruição final do poder aéreo naval japonês.

↑ O ataque a Saipan foi precedido por ataques aéreos em muitos outros alvos em potencial, confundindo os japoneses

↓ Os porta-aviões dos EUA estavam no alcance máximo para que os aviões americanos conseguissem localizá-los e pousar durante a noite.

O GRANDE TIRO AO PATO NAS ILHAS MARIANAS

CRONOLOGIA

A tentativa japonesa de acabar com as operações navais ao redor das ilhas Marianas resultou na dizimação da sua força de aviação naval. Em quatro dias, os japoneses perderam 480 aviões. A vantagem numérica e tecnológica dos americanos era tanta que eles batizaram o ocorrido de 'Tiro ao pato'.

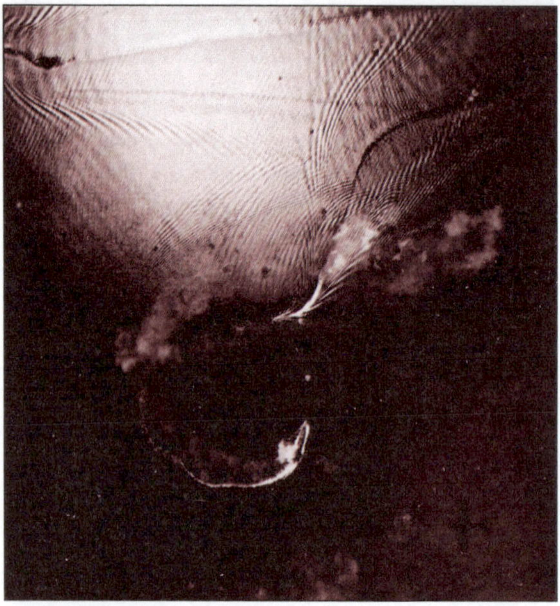

↑ Navios japoneses realizam manobras evasivas frenéticas para evitar as bombas dos EUA durante a batalha do Mar das Filipinas. Com bombardeiros de mergulho atacando diretamente de cima e bombardeiros torpedeiros vindos de um nível mais baixo, era extremamente difícil coordenar a artilharia nos navios.

1944

16 DE JUNHO

A 1ª Frota Móvel japonesa e a Força Sul Japonesa se encontram nas posições ao oeste das ilhas Filipinas. O destinho é as ilhas Marianas, com o objetivo de parar a tentativa americana de retomada.

17 DE JUNHO

Forças norte-americanas no Pacífico desembarcam em Saipan, começando a ofensiva para retomar as ilhas Marianas.

O componente naval das forças dos EUA é a Força-Tarefa 58, do Vice-Almirante Marc A. Mitscher. Ele tem sete porta-aviões à disposição, contra cinco japoneses, e 956 aviões, contra 473 japoneses.

19 DE JUNHO-8:30AM

Aviões dos porta-aviões japoneses e das bases terrestres de Guam e Truk atacam a Força-Tarefa 58. Caças Hellcat dos EUA derrubam 35 atacantes.

9:00AM

Outro ataque aéreo japonês é interceptado a 80 km da frota dos EUA, tendo sido detectado por radar a 250 km de distância. Mais de 200 aviões japoneses são derrubados. Nos primeiros ataques, apenas 130 de 373 aviões retornam.

9:05AM

O porta-aviões japonês Taiho é torpedeado pelo submarino dos EUA Albacore.

12:20PM

O porta-aviões japonês Shokaku é seriamente danificado durante outro ataque de submarino dos EUA (Cavalla).

2:00PM

A frota japonesa lança seu segundo grande ataque aéreo do dia. Ele é mal direcionado e acaba interceptado por aviões dos EUA em Guam. Outros 50 aviões japoneses são perdidos na batalha.

4:24PM
O Shokaku afunda.

4:28PM
O Taiho afunda.

20 DE JUNHO

4:30PM
Os porta-aviões dos EUA lançam um ataque de resposta contra a força do Japão, com 216 aviões.

6:44PM
O porta-aviões japonês Hiyo é afundado por bombardeiros de mergulho e torpedeiros dos EUA. Dois petroleiros japoneses também afundam, e os porta-aviões Zuikaku e Chiyoda são seriamente danificados. Mais 65 aviões japoneses são derrubados.

8:45PM
Os porta-aviões dos EUA perdem 80 aviões por motivos não relacionados ao combate, os mais comuns sendo os aviões ficarem sem combustível e caírem ou baterem durante o pouso noturno. A perda total da aviação dos EUA no ataque é de 100 aviões. Os sobreviventes da frota japonesa se retiram.

EVENTOS INTERNACIONAIS

1944

13 DE JUNHO
A primeira bomba V-1 alemã atinge o Reino Unido.

17 DE JUNHO
Dois dos principais líderes militares nazistas, von Rundstedt e Rommel, confrontam Hitler sobre o que veem como táticas desastrosas na Frente Ocidental. Eles não conseguem nada além de promessas que armas secretas logo tornariam a situação favorável para a Alemanha.

↑ Evidência da vitória aérea dos EUA nas ilhas Marinas está nesse Grumman F6F Hellcat. Uma combinação de perdas de combate aéreo, falta de combustível e a devastação das bases terrestres significou que o poder aéreo japonês não poderia mais afetar no resultado da guerra depois de meados de 1944.

18 DE JUNHO
Forças japonesas do 11º Exército lutando na China capturam as cidades de Changsha e Chuchow.

20 DE JUNHO
Forças soviéticas reúnem 166 divisões de soldados na Bielorrússia em preparação para uma grande ofensiva contra o Grupo de Exército de Centro alemão.

22 DE JUNHO
O cerco japonês a Imphal, Índia, finalmente é rompido, depois de 88 dias, pelas 2ª Divisão Inglesa e 5ª Divisão Indiana.

↓ Um Grumman F6F Hellcat se prepara no deque do Lexington para um ataque a Saipan. Cerca de 480 caças F6F foram usados na batalha do Mar das Filipinas e ajudaram no resultado final de 400 aviões destruídos.

GOLFO DE LEYTE
VITÓRIA FINAL

Enquanto as forças dos EUA desembarcavam nas Filipinas, a marinha japonesa lançava um último ataque desesperado na tentativa de impedir o inevitável.

↑ Lançado em 1914, Fuso foi modernizado em 1930-33, recebendo novos recursos e 2.500 toneladas extras de armamento. Junto com Yamashiro, ele formava o ponto principal do esquadrão de Nishimura no golfo de Leyte.

Apenas quatro meses depois do revés japonês no mar das Filipinas, os americanos realizaram um grande desembarque em Leyte, o primeiro passo na reconquista das ilhas Filipinas em si. Na liderança do campo de batalha americano, agora estava a 3ª frota, e o Almirante William Halsey tinha substituído o Almirante Raymond Spruance. Sua força de porta-aviões, ainda sob o comando do Vice-Almirante Marc Mitscher, tinha se expandido para nove porta-aviões de grande porte e oito leves, com quase 1.200 aviões.

O plano de contingência japonês, 'SHO-1', incluía apenas quatro porta-aviões que, naquela altura, estavam com tanta deficiência de tripulação que menos de 120 aviões podiam ser usados. Antecipando que qualquer ação do inimigo teria que contar com poder aéreo com bases em terra, os grupos de porta-aviões americanos conduziram uma campanha de atrito de três semanas, de modo que restavam menos de 200 aviões japoneses com base em terra para agir contra os desembarques, que ocorreram entre os dias 17 e 20 de outubro de 1944 no Golfo de Leyte.

A frota japonesa estava com grave deficiência de combustível. Quando a 'SHO-1' foi iniciada, em 17 de outubro, envolveu movimentos dispersos. A força principal de Halsey, que cobria a zona de desembarque, deveria ser atraída para o norte pelos quatro porta-aviões do Vice-Almirante Jisaburo Ozawa (a Força Norte, antes Força Móvel), oferecidos como iscas. Sem defesas, o golfo deveria ser atacado, em 25 de outubro, simultaneamente por dois poderosos grupos de batalhas terrestres, aniquilando os navios de transporte. A Força Central (Força 'A' da 1ª Força de Ataque, 5ª Frota), comandada pelo Vice-Almirante Takeo Kurita, sairia pelo Estreito de San Bernardino e atacaria pelo norte, enquanto a Força Sul (dividida em duas partes comandadas pelos Vice-Almirantes Shoji Nishimura e Kiyohide Shima como Força 'C' da 1ª Força de Ataque e 2ª Força de Ataque da 5ª Frota) iria se aproximar ao sul pelo Estreito de Surigao.

MUSASHI AFUNDA

Mais uma vez, os submarinos americanos de alto alcance atacaram primeiro. Aproximando-se das Filipinas pelo oeste em 23 de outubro, a poderosa Força Central de Kurita, que incluía cinco couraçados e 10 cruzadores pesados, teve três cruzadores torpedeados, dois dos quais afundaram. Na manhã de 24 de outubro, aviões do porta-aviões de Mitscher, operando em quatro grupos ao leste das ilhas, também localizaram a Força Sul.

Com o poder aéreo japonês totalmente envolvido com a Força-Tarefa 38 para afundar o porta-aviões Princeton, Kurita estava sem cobertura enquanto seu grupo cruzava o mar Sibuyan, no centro das ilhas. Cinco separados ataques aéreos dos EUA causaram considerável dano ao grupo, incluindo o naufrágio do couraçado Musashi, mas Kurita, embora atrasado sete horas, seguiu para San Bernardino.

A Força Sul, com dois couraçados e quatro cruzadores, foi localizada no mar Sulu. Como seu caminho passaria obrigatoriamente pelo Estreito de Surigao, o Vice-Almirante Thomas Kinkaid tentou bloqueá-la no local com sua 7ª frota, a força de cobertura de artilharia para os desembarques dos EUA.

Halsey deveria, da mesma forma, ter encurralado Kurita no Estreito de San Bernardino, mas seus interesses estavam em outro local. Ozawa, depois de várias tentativas de divulgar sua presença no norte, foi finalmente 'descoberto' às 15h40 de 24 de outubro, com quatro porta-aviões, dois híbridos de couraçados/porta-aviões e três cruzadores. Halsey, compreensivamente, mordeu a isca. Embora Kurita estivesse longe de estar derrotado, os ataques aéreos contra ele cessaram repentinamente enquanto Halsey seguiu para o norte, levando consigo até a força de couraçados rápidos do Vice-Almirante Willis Lee.

Contra Ozawa, foram destacados 64 couraçados e quase 800 aviões, mas o Estreito de San Bernardino foi deixado livre. Halsey localizou Ozawa às 02h de 25 de outubro, altura na qual Kurita estava a apenas três horas de distância do Estreito de San Bernardino e Nishimura avançava para o Estreito de Surigao.

Nishimura e Shima, embora cientes do atraso do cronograma de Kurita, se esforçaram para manter seus próprios cronogramas, correndo às cegas contra uma devastadora oposição para alcançar o Golfo de Leyte no amanhecer de 25 de novembro. Com tempo para se preparar, Kinkaid colocou os seis couraçados veteranos e os oito cruzadores do Contra-Almirante Jesse Oldendorf na parte norte ao fim do Estreito. Antes de alcançá-los, os japoneses teriam que navegar pelo canal, isolado primeiramente por 39 barcos PT e depois por três divisões de destróieres. Às 22h36 de 24 de outubro, os navios torpedeiros atacaram, sem conseguir muito sucesso contra o poderoso fogo defensivo. Às 02h30 de 25 de novembro, na passagem entre Leyte e Dinagat, os destróieres estavam dominando a batalha. Os dois couraçados de Nishimura foram torpedeados, com o Fuso partindo em dois. Atingido por dois torpedos, o Yamashiro, agora com cobertura de apenas um cruzador e um destróier, se deparou com os navios de Oldendorf às 03h53 e foi destruído. Embora as outras duas unidades e a pequena força de Shima tenham conseguido recuar pelo estreito para uma segurança temporária, o braço sul do ataque japonês tinha sido destruído.

↑ Quatro magníficos navios da classe 'Mogami' formavam o 7º Esquadrão Cruzador, previamente comandado por Kurita quando ele era contra-almirante. Dois dos cruzadores foram perdidos em Leyte.

BATALHA DE SAMAR

Ao norte, a situação era diferente: enquanto Shima recuava para longe do Estreito de Surigao por volta das 05h30 de 25 de outubro, Kurita despontou no Estreito de San Bernardino, atrasado no cronograma e confuso pela falta de oposição. Por pura sorte, três grupos de escalão de retaguarda de porta-aviões de escolta estavam ao leste de Samar, entre

→ Pennsylvania e Colorado abriram caminho no golfo de Lingayen. A derrota japonesa no golfo de Leyte destruiu a Marinha Imperial como força de combate.

Kurita e as praias e, embora designados a um papel de cobertura, os grupos podiam, com a ajuda das pistas aéreas da praia, colocar em ação um bom número de aviões. A partir das 06h30, esses pequenos porta-aviões se envolveram em uma ação bastante confusa, sendo alvos até do Yamato. Eles lutaram bravamente e foram muito bem defendidos por seus destróieres e pelos destróieres de escolta. Kurita, já desmoralizado pelos acontecimentos, sem cobertura aérea e acreditando estar sob o ataque de pelo menos um dos grupos principais de porta-aviões de Mitscher, recuou. Com a perda de um porta-aviões de escolta e três navios menores, os americanos afundaram três cruzadores pesados japoneses e certamente salvaram toda a operação Leyte.

Halsey, enquanto isso, apesar de receber apelos desesperados por ajuda, ficou para terminar com os porta-aviões de Ozawa em seis ataques aéreos desesperados, o último dos quais não foi lançado até as 17h10. Às 11h, ele havia ordenado que um grupo de porta-aviões e os couraçados de Lee voltassem para proteger o Estreito de San Bernardino. Eles chegaram às 01h de 26 de outubro, cerca de três horas depois que Kurita tinha recuado após a batalha de Samar.

Poderia facilmente ter acontecido um desastre. A aposta final da 'SHO-1' não tinha se concretizado, e os japoneses perderam quatro porta-aviões, três couraçados e 10 cruzadores — e suas últimas tripulações treinadas. Desse ponto em diante, a marinha americana não seria mais seriamente ameaçada pela Marinha Imperial.

↓ O Sangamon foi um dos quatro petroleiros convertidos da frota que formaram parte da força de porta-aviões de escolta em Samar. Todos os membros da classe 'Sangamon' sobreviveram a Leyte e estavam de volta à ação no início de 1945.

GOLFO DE LEYTE
CRONOLOGIA

As batalhas marítimas no Golfo de Leyte finalmente acabaram com a fama da Marinha Japonesa de uma força vencedora no cenário do Pacífico.

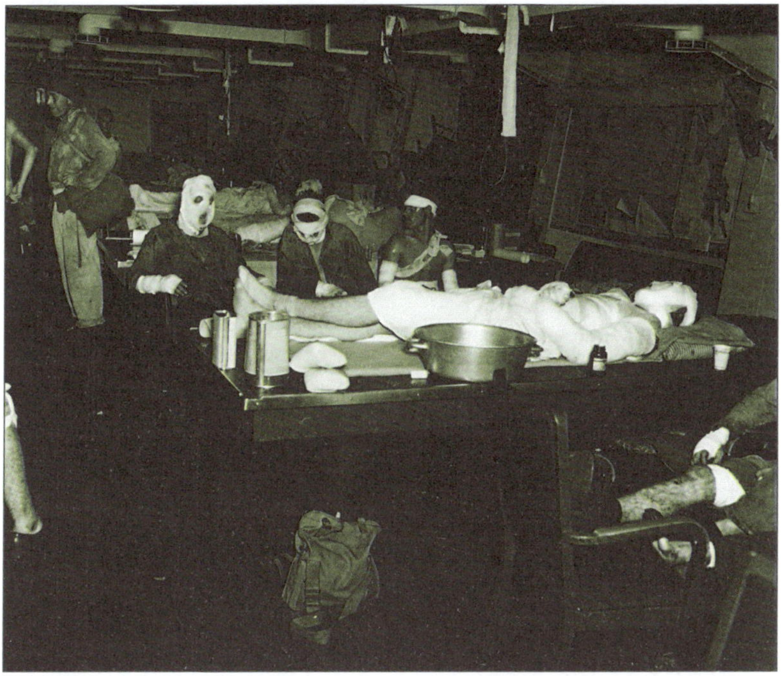

← Membros na marinha americana feridos na Batalha do Golfo de Leyte recebem tratamento em um alojamento de oficiais convertido em enfermaria. Queimaduras graves eram comuns entre os tripulantes dos porta-aviões por causa da presença de grandes quantidades de combustível e munições.

1944

20 DE OUTUBRO

O 6º Exército dos EUA desembarca em Leyte, dando início à operação para liberar a ilha. Poucos dias depois, os japoneses respondem com a Operação Sho-Go. A Frota Combinada Japonesa segue em massa para o mar. A intenção é atrair a poderosa 3ª Frota dos EUA para o norte, longe de Leyte, com a força de porta-aviões do Vice-Almirante Ozama (contendo quatro porta-aviões), enquanto duas forças de ataque realizam ataques duplos ao oeste contra a 7ª Frota.

23 DE OUTUBRO

A 1ª Força de Ataque Japonesa partindo de Brunei é detectada por dois submarinos dos EUA da ilha Palawan. Os submarinos também afundam os cruzadores Atago e Mayo e danificam outro cruzador.

24 DE OUTUBRO

Aviões do grupo de porta-aviões dos EUA da Força-Tarefa 38 (pertencente à 3ª Frota) começam um ataque aéreo contra navios japoneses da Força A – uma parte da 1ª Força de Ataque do

Vice-Almirante Kurita que seguia pelo mar Sibuyan.

9:35AM

O porta-aviões Princeton é atingido por ataques aéreos japoneses vindos de Luzon.

10:30AM

O ataque aéreo dos EUA começa. Os couraçados Yamato, Musashi, e o cruzador pesado Myoko são atingidos, o último sendo forçado a sair de ação.

4:30PM

O Princeton afunda.

7:30PM

O couraçado Musashi afunda depois de ser atingido por 17 bombas e 20 torpedos durante o dia. A Força A vira para o oeste, de volta para o Estreito de San Bernardino. Durante a tarde, a 7ª Frota dos EUA manda seus navios da Força-Tarefa 77 para o sul para lidar com a ameaça da Força C do Vice-Almirante Nishimura (parte da primeira força de ataque) e da 2ª Força de Ataque do Vice-Almirante Shima, os dois seguindo para o Estreito de Surigao.

25 DE OUTUBRO

Nesse dia, a batalha está separada em três cenários: a batalha no Estreito de Surigao, a batalha em Samar e a batalha do Cabo Engano.

BATTLE NO ESTREITO DE SURIGAO

3:00AM-3:40AM

47 torpedos são lançados de uma única vez pelos destróieres dos EUA contra os navios japoneses no Estreito de Surigao. Um couraçado e quatro destróieres são atingidos.

3:51AM

Oito cruzadores e seis couraçados dos EUA lançam seus ataques. Os japoneses perdem quase todos seus navios, com exceção de dois — Shima e Shigure —, o que causa uma fuga do Estreito de Surigao. As perdas totais japonesas incluem dois couraçados, um cruzador e três destróieres.

BATALHA DE SAMAR

Taffy 3 – um grupo de porta-aviões de escolta da 7ª frota dos EUA – é atacado pela ainda poderosa Força A de Kurita. A força dos EUA está em grande desvantagem de armas e número, mas, em uma batalha de duas horas, consegue resistir à destruição completa. Os destróieres americanos Hoel, Johnston e Roberts são afundados, e outros quatro destróieres ficam seriamente danificados. Um porta-aviões dos EUA, o Gambier Bay, é afundado às 9:07am. Ainda assim, os japoneses perdem os cruzadores pesados Suzya, Chikuma e Chokaii, e o Kumano é retirado de ação por conta de danos. Às 9:30am, Kurita retira sua força.

BATALHA DO CABO ENGANO

A Força-Tarefa 38 dos EUA, com 10 porta-aviões e 22 destróieres, navega para o norte nas primeiras horas da manhã para interceptar a força de porta-aviões do Vice-Almirante Ozama seguindo para o Cabo Engano.

8:45AM

Os porta-aviões dos EUA lançam um ataque aéreo contra os porta-aviões japoneses. Outros ataques aéreos seriam lançados às 10:00am, 1:00pm e 5:10pm.

9:37AM

O porta-aviões japonês Chitose e o destróier Akitsuki são afundados pelo primeiro ataque aéreo dos EUA. O porta-aviões Chiyoda é gravemente danificado.

2:14PM

O porta-aviões Zuikaku é afundado por um ataque aéreo dos EUA.

3:26PM

O porta-aviões Zuiho é afundado depois de um ataque aéreo dos EUA.

4:55PM

O Chiyoda é afundado por navios de um grupo de cruzadores dos EUA destacado ao norte da Força-Aérea 38 para enfrentar os japoneses.

8:59PM

O destróier japonês Hatsusuki é destruído e afundado por navios do Grupo Cruzador dos EUA. À noite, a força de Ozama se retira rapidamente para o norte. A tentativa japonesa de impedir os desembarques em Leyte tinha falhado.

EVENTOS INTERNACIONAIS

1944

19 DE OUTUBRO

Forças soviéticas avançam no leste da Prússia.

20 DE OUTUBRO

A equipe alemã no campo de concentração de Auschwitz começa a destruir documentos e instalações relacionados às atividades no local.

20 DE OUTUBRO

A capital iugoslava, Belgrado, é libertada pela 3ª Frente Ucraniana Soviética e pelos guerrilheiros iugoslavos do Exército Nacional de Libertação de Tito.

20 DE OUTUBRO

O ex-premiê da Vichy francesa é condenado à morte. A sentença é dada na ausência do réu, pois Laval está morando na Alemanha.

21 DE OUTUBRO

A cidade de Aachen, na Alemanha, é tomada por forças dos EUA depois de um cerco de 10 dias e uma amarga batalha de casa em casa.

22 DE OUTUBRO

Forças soviéticas, avançando pelo norte da Europa, chegam a 72 km do Rastenburg, a sede de Hitler no leste da Prússia.

← Uma imagem dramática do porta-aviões japonês Zuikaku enquanto ele afunda nas Filipinas em 24 de outubro de 1944. Foram necessários sete torpedos e nove bombas para afundar o porta-aviões. Mais de 800 tripulantes morreram.

RETORNO PARA AS FILIPINAS

Depois de derrotar a marinha japonesa no golfo de Leyte, as forças americanas agoram podiam começar a libertação das Filipinas.

→ Vistos do Essex, os porta-aviões Langley e Ticonderoga retornam para o atol de Ulithi depois de ataques preliminares contra as defesas nas Filipinas.

Depois da grande batalha de porta-aviões nas ilhas Marianas, as forças americanas prosseguiram para completar a conquista de Saipan, assim adquirindo uma importante base para subsequentes ataques de Boeing B-29 ao Japão. Os americanos desembarcaram em Guam em 21 de julho, e em Tinian quatro dias depois. A conquista final de Guam em 10 de agosto marcou o fim da campanha americana no Pacífico Central e o fim do esforço de guerra de porta-aviões japonês. O Hiyo tinha sido afundado por ataque aéreo, e o Taiho e o Shokaku, por submarinos, enquanto 1.223 aeronaves navais japonesas foram destruídas na campanha de dois meses. Mais quatro porta-aviões japoneses, Zui-

→ O Nakajima Ki-84 Hayate era o mais efetivo avião de combate do Japão ao fim da guerra. Muitos deles foram destacados para as Filipinas na véspera dos desembarques americanos.

→ Com um poder de fogo de canhão de 20 mm e 907 kg de carga de bomba, o Curtiss SB2C Helldiver era um poderoso avião, mas não era muito popular com a tripulação americana.

↑ A frota dos EUA foi atacada por inúmeros bombardeiros suicidas. Embora as armas da artilharia antiaérea geralmente conseguissem atingir o avião até desfazê-lo em pedaços, não era fácil destruí-lo completamente. Com o piloto morto e os controles dos tanques de combustível em chamas, o camicase seguia uma trajetória balística contra o alvo.

kaku, Chitose, Chiyoda e Zuiho, foram para o fundo do mar durante as batalhas no golfo de Leyte. Em 30 de novembro, apenas 11 dias depois de ser comissionado, o grande porta-aviões Shinano, convertido de um couraçado, foi afundado pelo submarino Archerfish na baía de Tóquio. Até o fim do ano, os porta-aviões Unryu, Shinyo, Taiyo, Chuyo e Unyo seriam afundados, e o Junyo, permanentemente danificado. Durante o mesmo período, os EUA perderiam apenas um porta-aviões, o Princeton.

Embora os desembarques iniciais em Leyte tenham marcado o início da campanha nas Filipinas, a invasão da ilha principal, Luzon, não ocorreu até 9 de janeiro de 1945, com quatro divisões desembarcando na praia do golfo de Lingayen. A Força-Tarefa 38 enfrentou um novo inimigo poderoso: o péssimo clima. Em 18 de dezembro, um tufão atingiu a frota; três destróieres foram destruídos, com a perda de mais de 800 homens; colunas de aeronaves foram perdidas nos porta-aviões, iniciando incêndios quando afetavam a fiação elétrica; Cowpens, Monterey e San Jacinto perderam juntos 33 aeronaves, enquanto outras 19 foram varridas de couraçados e cruzadores, e os porta-aviões de escolta menores perderam mais 94. Tais perdas e a busca por sobreviventes nos mares revoltos atrasaram o ataque final a Luzon.Ataques preparatórios contra as bases aéreas japonesas em Formosa eram conduzidos pelos porta-aviões da Força-Tarefa 38 na primeira semana de 1945, enquanto a força de ataque do Golfo de Lingayen, conduzida pela 7ª Frota, do Vice-Almirante Thomas C. Kinkaid, sofreu com ataques suicidas japoneses enquanto se aproximava da área de desembarque. O porta-aviões de escolta Ommaney Bay foi atingido e afundou em 4 de janeiro, e, no dia seguinte, o Manila Bay foi atingido e sofreu mais de 70 baixas; em 8 de janeiro, tanto o Kitkun Bay quanto o Kadashan Bay foram seriamente danificados e tiveram que sair de ação.

MAR DA CHINA MERIDIONAL

Em 9 de janeiro, enquanto as forças americanas desembarcavam no golfo de Lingayen, a 3ª Frota do Almirante William F. Halsey (incluindo a Força-Tarefa 38), com oito porta-aviões, cinco porta-aviões leves, dois porta-aviões de escolta, seis couraçados, 11 cruzadores e 61 destróieres, entrou no mar da China Meridional com os objetivos primários de encontrar e destruir dois porta-aviões/couraçados híbridos da Marinha Imperial, Hyuga e Ise, e também impedir que os japoneses enviassem reforços significantes para Luzon. Embora os porta-aviões gigantes não tenham sido localizados, os aviões americanos realizaram ataques de longo alcance na Indochina francesa, na China e em Formosa, mas encontraram apenas poucos alvos importantes.

A taxa de ataques suicidas em Luzon continuou a aumentar, com o cruzador australiano Australia sendo atingido cinco vezes. A batalha em terra ficou mais feroz e, apesar da ordem do General Yamashita para a evacuação de Manila, um Almirante japonês organizou um grupo de resistência de 20.000 homens na base naval. Bataan caiu em 16 de fevereiro, e a ilha de Corregidor, na baía de Manila, em 28 de fevereiro. Nessa altura, no entanto, a maior parte das forças de porta-aviões americanas tinha se retirado para se preparar para a invasão de Iwo Jima. Agora, com o avanço consistente, mas sangrento, por Luzon, e com a tomada ou construção de pistas de voo na ilha, os caças e dos esquadrões de caças bombardeiros da força aérea e da marinha dos EUA tinham a responsabilidade de proporcionar cobertura nos campos de batalha, e as armas da frota eram responsáveis por criar uma cortina de fogo contra os ataques suicidas.

QUEDA DE MANILLA

Em 4 de março de 1945, depois de 173 dias do desembarque em Luzon, as forças americanas finalmente conquistaram a destroçada cidade de Manila, tendo perdido mais de 40.000 homens mortos e feridos e mais de 360 aviões. Dez dias depois, Iwo Jima também caiu para as forças americanas. O 10ª Exército americano, com apoio dos 16 porta-aviões da Força-Tarefa 58, se preparava para o ataque da última resistência japonesa: a ilha de Okinawa.

→ Um Curtiss SB2C Helldiver é preparado para decolar do deque do Hancock em 25 de novembro de 1944. Os ataques preparatórios que precederam os desembarques foram muito efetivos.

RETORNO PARA AS FILIPINAS
CRONOLOGIA

A retomada das Filipinas exigiu que as forças dos EUA realizassem múltiplos desembarques anfíbios ao redor do arquipélago das Filipinas. A campanha foi, caracteristicamente, formada por lutas duras, com uma grande batalha ocorrendo na cidade de Manila.

1944

20 DE OUTUBRO
Uma frota de invasão americana maciça desembarca quatro divisões de soldados na ilha de Leyte.

15 DE DEZEMBRO
Uma força-tarefa dos EUA desembarca na costa de Mindoro, uma pequena ilha ao sul de Luzon. A ilha é tomada pelos soldados dos EUA no fim de janeiro de 1945 e proporciona dois valiosos campos aéreos avançados para uso na campanha das Filipinas.

25 DE DEZEMBRO
A resistência japonesa em Leyte entra em colapso, e a ilha é conquistada pelas forças dos EUA. Mais de 80.000 soldados japoneses morrem na campanha. O General Douglas MacArthur – comandante das forças dos EUA no Pacífico – agora direciona seus esforços para a conquista de Luzon, a principal ilha das Filipinas.

1945

2-8 DE JANEIRO
O 6º Exército dos EUA é destacado de Leyte para posições no golfo de Lingayen, Luzon.

↑ Uma freira filipina com queimaduras no meio dos libertadores americanos em Manila. Mais de 100.000 civis filipinos foram mortos apenas na batalha por Manila durante as campanhas nas Filipinas.

9 DE JANEIRO
As I e XIV Corporações do 6º Exército dos EUA desembarcam no golfo de Lingayen em uma operação anfíbia que não encontra oposição. As duas corporações se dividem e seguem para o sul e para o norte da ilha.

29 DE JANEIRO
O Campo Clark – o principal campo aéreo de Luzo – é conquistado pelas forças dos EUA. No mesmo dia, a XI Corps desembarca em San Antonio, na costa de Luzon, ao sudoeste do campo Clark, e começa a avançar para o leste pelo topo da Península de Bataan.

→ Uma visão rara - prisioneiros de guerra japoneses capturados pela 37ª Divisão no avanço em Luzon. A maioria dos soldados japoneses lutou até a morte durante a campanha do Pacífico. Normalmente, menos de 5% se rendiam.

FEVEREIRO

Durante todo o mês, forças dos EUA realizam mais desembarques na costa sudoeste de Luzon, em Bataan e Nasugbu. Bataan é assegurada em 28 de novembro, mas com custos altos dos dois lados. Além do avanço ao sul da XIV Corps, os japoneses enfrentam um avanço duplo na capital filipina de Manila. A luta em Manila atinge uma intensidade horrorizante.

3 DE MARÇO

Os últimos bolsões de resistência japonesa em Manila são contidos. Mais de 16.000 soldados japoneses e 10.000 filipinos civis foram mortos na batalha, assim como 1000 soldados dos EUA.

26 DE MARÇO

San Fernando, sede do 14º Exército do General Yamashita, é conquistada por unidades da I Corporação do General Swift.

13 DE ABRIL

Defesas fortificadas japonesas em Corregidor, na baía de Manila, são destruídas. Os soldados americanos introduzem petróleo no sistema de ventilação para detonar o abastecimento interno de munição, explodindo as defesas de concreto da ilha.

MAIO-AGOSTO

Soldados dos EUA se dispersam por Luzon, lutando o caminho todo. Ao fim de junho, unidades dos EUA alcançam a costa norte de Luzon, mas um grande bolsão de resistência japonês permanece no nordeste montanhoso. No início de maio, soldados dos EUA descem a península sul de Bicol, alcançando o fim da península no início de abril. Durante abril até o fim de julho, o 8º Exército também liberta a ilha filipina de Mindanao, uma campanha que começou no fim de fevereiro.

14 DE AGOSTO

Japão anuncia sua rendição incondicional, e mais de 50.000 soldados japoneses nas Filipinas se rendem.

EVENTOS INTERNACIONAIS 1944

8 DE DEZEMBRO

No cenário do Pacífico, forças dos EUA começam um bombardeio maciço de Iwo Jima em preparação para uma invasão anfíbia. A ação de bombardeio preliminar dura impressionantes 72 dias.

16 DE DEZEMBRO

Hitler lança sua última grande ofensiva da guerra no Ocidente. Mais de 20.000 soldados alemães cruzam a floresta Ardennes, na Bélgica, tentando dividir as forças Aliadas em duas, seguindo para conquistar a Antuérpia. Em 28 de janeiro, a ofensiva falha, custando aos alemães 100.000 soldados.

1945

24 DE JANEIRO

O estimado general de Hitler, Guderian, diz ao Führer que ele acredita que 'a guerra está perdida'. Em março, Guderian está tão desfavorecido com Hitler que recebe licença permanente.

28 DE JANEIRO

Cidadãos de Berlim recebem ordens de começar a cavar defesas antitanque no perímetro da cidade.

22 DE MARÇO

Forças Aliadas avançando pela Europa Ocidental começam a cruzar o rio Reno.

28 DE MARÇO

O avanço do Exército Vermelho pelos Bálcãs atinge a fronteira da Áustria com unidades da 2ª Frente Ucraniana.

5 DE ABRIL

Em Moscou, o embaixador japonês é informado por Molotov que a União Soviética não vai renovar o pacto de não-agressão de 1941 com o Japão.

21 DE ABRIL

Os Aliados ocidentais se preocupam com a influência soviética na Polônia. O governo polonês assina um pacto de assistência mútua que dá à União Soviética um alto nível de influência em assuntos poloneses.

30 DE ABRIL

Adolf Hitler se suicida enquanto as forças soviéticas completam a conquista de Berlim.

7 DE MAIO

A Alemanha se rende. O General Alfred Jodl assina a rendição. Em 10 de maio, a batalha na Europa tem fim.

← Um grupo de coloniais chineses nas cidades de Mercedes, Mindanao, nas Filipinas, dá as boas-vindas às forças dos EUA.

ESTRANGULAMENTO DO JAPÃO

A GUERRA SUBMARINA NO PACÍFICO

A marinha japonesa conquistou um vasto império marítimo, mas os submarinos dos EUA logo ameaçavam as linhas marítimas vitais do país.

O planejamento japonês pré-guerra para a aquisição de um vasto império oceânico tinha sido meticuloso, mas os problemas subsequentes de manutenção de uma larga marinha mercantil mal haviam sido considerados. Toda a estratégia do Japão era, afinal, baseada em um período curto de hostilidades, enquanto a proteção comercial era um conceito defensivo e, portanto, que não merecia consideração naval. Mesmo sabendo que os EUA detinham uma substancial força submarina, o Japão foi à guerra sem planos de organização de comboios, com poucas escoltas antissubmarinos e praticamente sem treinamento.

Tais quais os japoneses, os americanos tinham definido as funções primárias de seus submarinos como reconhecimento para a frota de superfície e ataque de embarcações inimigas. Ao contrário dos japoneses, os americanos rapidamente adquiriram uma nova perspectiva da situação operacional e passaram a atacar a marinha mercantil. Desenvolvidos para o esforço de guerra, os submarinos eram grandes e capazes de

→ Em cores pré-guerra, o Nautilus foi um dos monstruosos cruzadores submarinos da marinha dos EUA. Considerado lento demais para serviços de linha de frente, ele era usado para o desembarque de soldados e abastecimentos em bases secretas nas ilhas.

→ Os submarinos da classe 'Gato' tinham boa resistência e carregavam 24 torpedos e um pesado armamento de superfície. Mais de 200 submarinos 'Gato' e os aperfeiçoados da classe 'Balao' foram construídos até o fim da guerra.

← Construído entre 1918 e 1922, os submarinos classe 'S' não tinham a resistência necessária para as operações no Pacífico, e a maioria foi tirada de ação durante 1943. O S28, mostrado aqui em 1943, foi perdido em outubro de 1944.

movimentos ágeis e rápidos na superfície. Inicialmente eles eram lentos para mergulhar, e seu pouco tempo submerso e sua falta de praticidade eram toleráveis apenas por conta da falta de organização das contramedidas. Ainda assim, as águas do Extremo Oriente eram geralmente rasas, e o inimigo era bem equipado com armas de profundidade.

Com a perda progressiva das Filipinas e das Índias Orientais Holandesas, os submarinos dos EUA ficavam baseados nos portos australianos de Fremantle e Brisbane, sob o comando do Capitão John Wilkes, e em Pearl Harbor, sob o controle do Vice-Almirante Charles Lockwood. Embora dividindo objetivos similares com os alemães, esses dois comandantes optaram por não exercerem o controle ferrenho do Almirante alemão Karl Doenitz, preferindo se basear na considerável iniciativa de comandantes individuais. Durante o período dos grandes avanços japoneses, os poucos submarinos dos EUA imediatamente disponíveis puderam fazer pouco além de diminuir o ritmo das coisas. Em 16 de dezembro de 1941, o navio cargueiro japonês Atsutusan Maru foi afundado pelo submarino americano Swordfish, conquistando o dúbio privilégio de ser a primeira entre milhares de perdas. O primeiro navio inimigo a ser afundado foi o destróier Natsushio, que, em 8 de fevereiro de 1942, foi vítima de um antigo S-37 no estreito Macassar. Três dias depois, o Shark se tornou o primeiro submarino perdido em patrulha, nesse caso em Célebes (Sulawesi).

Durante todo o lento crescimento da ofensiva submarina, a situação foi dificultada por torpedos defeituosos, cuja porcentagem atingiu um ponto de problemático, resultando em muitos ataques frustrados, geralmente com grande risco para as tripulações. Os torpedos frequentemente atingiam os alvos sem explodir.

O ponto crítico foi quando o comandante do Tinosa atingiu um grande navio-tanque estacionário com 11 torpedos, dos quais apenas dois explodiram, e o navio não foi destruído. Pesquisas atrasadas expuseram o design inadequado dos disparadores, mas armamentos aperfeiçoados (incluindo torpedos elétricos pesados) não entraram em ação até o fim de 1943. A baixa qualidade dos torpedos incentivava vários comandantes a adotar ataques de superfície ousados usando suas metralhadoras de deque de 127 mm. Uma importante aquisição a partir de agosto de 1942 foi o radar de superfície SJ, que, com uso adequado, permitia que as embarcações realizassem ataques noturnos "às cegas".

GUERRA DE DESGASTE

Apesar dos problemas, os submarinos foram responsáveis por 138 baixas em navios mercantis até o fim de 1942, num total de 600.000 grt (capacidade do navio em toneladas). Três submarinos tinham sido perdidos, mas mais 33 haviam sido comissionados. Em 1943, a força mais do que dobrou esses números, ganhando mais 56 embarcações contra a perda de 15. Com todas as fontes de captura de tonelagem agora exauridas e com um inadequado programa de reposição, o inimigo teve uma perda de 16% de mercadorias disponíveis por ano. O tempo na base para as embarcações americanas foi estendido pelo uso de bases móveis avançadas ou vagões de carga, enquanto o início do sistema de comboios japonês teve que enfrentar a formação de 'alcateias', geralmente compostas por apenas três embarcações e com apelidos sugestivos como "Wilkins' Wildcats" e "Roach's Raiders". 'Ases' individuais se destacaram entre os comandantes, como 'Mush' Morton, que, antes de afundar no Wahoo no estreito de la Perouse, afundou 20 navios e mais de 60.000 toneladas de mercadoria. O recorde geral para destruição de mercadorias é do submarino Flasher, cujo total de 100.000 grt ainda é modesto em comparação com os muitos submarinos U-boats alemães, como os 224 navios e 536.000 grt do U-35 durante a I Guerra Mundial e os 53 navios e 318.000 grt do U-48 na II Guerra Mundial. Em 1944, muitas das guarnições japonesas nas ilhas estavam sem abastecimento, e o próprio país perdeu metade de importantes fontes de matérias-primas. As perdas de petróleo tinham uma importância particular, com a escassez começando a restringir os deslocamentos das frotas de batalha. Em 1945, os alvos se tornavam cada vez menos numerosos para os submarinos americanos em comparação com os porta-aviões. Dois submarinos perseguindo o mesmo alvo chegaram até a colidir debaixo d'água.

Torpedos ruins nunca foram totalmente eliminados. Um resultou na perda do Tang de Dick O'Kane no estreito de Formosa enquanto ele procurava aumentar seu placar de 24 navios afundados. Durante 1944 e 1945, 112 novos submarinos se juntaram à força, muitos sendo empregados como salva-vidas nas rotas da agora contínua onda de bombardeiros. Mais de 600 pilotos foram salvos dessa maneira e puderam voar de novo. Desbravando um extensivo campo de minas, os submarinos passaram os meses finais da guerra penetrando até no mar do interior do país. Na época de sua rendição, o Japão tinha perdido mais de 8 milhões de grt, dos quais 5 milhões foram por submarinos, que, por sua vez, registraram 42 perdas. Os submarinos também destruíram 200 embarcações, mas, enquanto essa perda apenas reduziu as chances dos japoneses vencerem, a destruição da marinha mercantil foi um fator de primeira importância para a derrota japonesa.

↓ Submarino de escolta tipo 'A': os japoneses negligenciaram a construção de embarcações de escoltas antes da guerra, a postura defensiva não agradando tanto a Marinha Imperial. No entanto, esses submarinos carregavam armamentos de profundidade e tinham excelente resistência.

ESTRANGULAMENTO DO JAPÃO
CRONOLOGIA

Durante a guerra no Pacífico, submarinos dos EUA afundaram 201 embarcações japonesas e 1.113 navios mercantis. Embora a contribuição do exército de submarinos seja frequentemente ignorada, os submarinos afundaram 55% de todos os navios japoneses perdidos na guerra e impuseram um bloqueio completo ao envio de remessas para o Japão

← Um patrulhador de submarino confere os céus em busca de atividades aéreas. Um submarino americano típico podia navegar por 21.000 km na superfície, mas debaixo d'água a resistência era limitada a pouco mais de 200 km.

1933–1941
A marinha dos EUA comissiona e constrói 56 novos submarinos diesel-elétricos, que formam o principal suporte das operações iniciais contra a marinha japonesa no Pacífico.

1941
8 DE DEZEMBRO
O exército de submarinos da marinha americana sofre sua primeira baixa. O Sealion é destruído por um ataque aéreo japonês na marinha de Cavite, Filipinas.

11 DE DEZEMBRO
O submarino S-38 comete um erro de identificação e afunda o navio mercantil norueguês Hydra II ao oeste de Cabo Calavite, Mindoro.

1942
7 DE JANEIRO
O Pollack afunda um navio de carga japonês na Baía de Tóquio, o primeiro naufrágio de navio japonês por um submarino americano.

27 DE JANEIRO

O Cudgeon se torna o primeiro submarino americano a afundar um submarino inimigo em ação.

4 DE JUNHO

Na Batalha de Midway, o submarino Nautilus (SS-168) torpedeia o porta-aviões japonês Kaga, mas os torpedos não explodem.

10 DE AGOSTO

O submarino S-44 afunda o cruzador pesado Kako perto de Kavieng enquanto ele se retira da batalha na ilha Savó.

17 DE DEZEMBRO

O Drum lança minas no estreito de Bungo, perto das ilhas japonesas.

1943

Nesse ano ocorre uma grande mudança na tática de submarinos da marinha dos EUA. Previamente os submarinos operavam como uma base, caçando as embarcações japonesas ou trabalhando como escolta. A partir do início de 1943, eles recebem mais missões de patrulhamento das rotas dos navios japoneses. Além disso, antes desse ano, os torpedeiros dos EUA usavam detonadores magnéticos, que frequentemente apresentavam problemas e não explodiam. O Almirante Nimitz ordenou a desativação desses detonadores em 1943 e a taxa de sucesso dos EUA contra os navios japoneses instantaneamente subiu.

↓ Comandante de um submarino da marinha dos EUA olha em seu periscópio. O maior problema para os capitães dos submarinos nos anos iniciais da guerra do Pacífico eram os torpedos defeituosos, com uma alta porcentagem não explodindo diante do impacto.

10 DE JUNHO

O submarino Trigger (SS-237) danifica o porta-aviões japonês Hiyo.

JULHO

Os submarinos dos EUA começam a operar no mar do Japão.

AGOSTO

Os submarinos dos EUA, com um mastro de 'snorkel' incorporado, permitindo as operações a diesel, de mudança de ar e de carregamento de bateria enquanto submersos, começam a operar no Pacífico.

19-20 DE NOVEMBRO

O submarino Harder ataca um comboio japonês e afunda os navios de transporte Hokko Maru, Nikko Maru e Udo Maru perto das ilhas Marianas.

4 DE DEZEMBRO

O submarino Sailfish afunda o porta-aviões de escolta Chuyo ao sudeste de Honshu. Chuyo carregava sobreviventes de outro navio, Sculpin, afundado em 19 de novembro.

25 DE DEZEMBRO

O submarino Skate torpedeia o couraçado Yamato ao norte de Truk, nas ilhas Carolinas.

1944

19 DE FEVEREIRO

O submarino Jack ataca u m comboio japonês de seis tanques a 482 km do oeste de Luzon, afundando quatro embarcações.

19 DE JUNHO

Durante a batalha do mar das Filipinas, o submarino Albacore afunda o porta-aviões japonês Taiho, enquanto o submarino Cavalla afunda o porta-aviões Shokaku.

1945

6 DE AGOSTO

O Bullhead americano é bombardeado e afundado por um avião do exército japonês perto de Bali. Foi o último submarino a ser perdido na guerra. Oitenta e quatro homens são mortos.

14 DE AGOSTO

O submarino Torsk afunda um navio de defesa costeira japonês, o último naufrágio de uma embarcação japonesa por um submarino americano na guerra.

EVENTOS INTERNACIONAIS

1942

3-9 DE MAIO

Na batalha do mar Coral, forças navais dos EUA e da Inglaterra repelem um grupo de invasão japonês com destino a Port Moresby, Nova Guiné.

4 DE JUNHO

Japão perde metade de sua frota de porta-aviões durante a batalha de Midway.

1943

7 DE FEVEREIRO

A campanha dos EUA para conquistar Guadalcanal tem conclusão bem-sucedida, com 11.000 soldados japoneses sendo evacuados da ilha.

17 DE AGOSTO

Soldados dos EUA entram na cidade siciliana de Messina. A conquista da Sicília é a primeira grande vitória Aliada no cenário europeu desde o início da guerra.

1944

6 DE JUNHO

Os Aliados abrem a segunda frente europeia na Normandia, França, com desembarques anfíbios que levam 326.000 homens, 50.000 veículos e mais de 100.000 toneladas de suprimentos.

20-25 DE OUTUBRO

A marinha japonesa perde 60 navios durante a batalha do golfo de Leyte e deixa de apresentar problemas significantes para os avanços Aliados no cenário do Pacífico.

1945

7 DE MAIO

A Alemanha assina a rendição incondicional aos Aliados.

10 DE AGOSTO

O Japão se rende incondicionalmente, mas o imperador Hirohito permanece no trono.

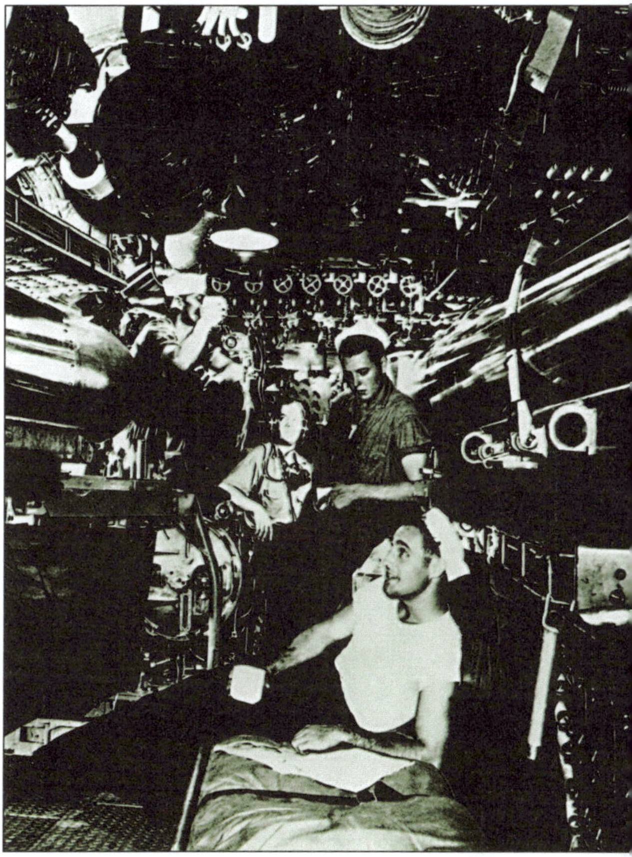

↑ O local do torpedo em um submarino americano. O submarino da classe 'Narwhal' carregava 40 torpedos de 533 mm a bordo e os lançava de dez em dez.

AS AREIAS DE IWO JIMA

19 de fevereiro de 1945: no dia mais sangrento da história da Corporação dos Fuzileiros Navais dos EUA, duas divisões de fuzileiros atacam a ilha fortificada de Iwo Jima.

↑ 09 horas, 20 de fevereiro (Dia D: 1) os desembarques em 19 de fevereiro dividiram a ilha ao meio, isolando o monte Suribachi (visto aqui ao fundo) das posições japonesas ao norte de Iwo Jima.

Ao fim de 1944, estava evidente para os comandantes dos EUA no Pacífico que em um futuro próximo eles teriam que elaborar um ataque em larga escala contra a ilha japonesa de Iwo Jima. Três fatores tornavam a decisão inevitável. O primeiro era que os ataques dos pesados bombardeiros Boeing B-29 contra o Japão com decolagem nas ilhas Marianas estavam tendo um custo alto demais, pois nem os P-51 Mustangs conseguiam escoltá-los na jornada de 4.500 km — e Iwo Jima ficava a apenas 1.060 km de Tóquio e possuía dois campos aéreos, um dos quais podia começar a abrigar B-29s imediatamente. Em segundo lugar, mesmo se não fosse realizado mais nenhum avanço para o Japão, Iwo Jima era uma ligação interessante para as defesas das recém-capturadas ilhas Marianas. Em terceiro lugar, a ilha era tradicionalmente parte do Japão em si (era administrada por Tóquio) e sua queda representaria um golpe severo aos japoneses.

DEFESAS JAPONESAS

Infelizmente para os americanos, o alto comando japonês estava igualmente ciente da realidade estratégica e sabia da importância de impedir que Iwo Jima caísse em mãos inimigas. Já em junho de 1944, o muito respeitado Tenente-General T. Kuribayashi foi enviado para organizar a defesa da ilha, com clara consciência de que, em caso de falha, ele não deveria esperar ver sua família ou sua cidade novamente — a mesma observação se aplicava aos 20.000 reforços veteranos que rumaram para Iwo Jima durante os meses seguintes. A eles foram fornecidas artilharias de médio e longo alcance, baterias antiaéreas, metralhadoras leves e pesadas, morteiros e tanques, além de todo tipo de munição em alta escala. A moral do grupo não foi de modo algum abalada pela ameaça.

Eles começaram a trabalhar com vontade, cavando abrigos fundos, e construíram linhas de defesas sucessivas em todo o comprimento da ilha, uma tarefa facilitada pelo fato de que Iwo Jima tinha origem vulcânica — suas pedras-pomes eram facilimente cortadas, mas ainda assim permaneciam firmes. Em março, 4,8 km de túneis já percorriam a parte norte da ilha.

Para os defensores, a estratégia foi útil, pois, para "preparar" a ilha antes dos desembarques, a marinha e a força aérea dos EUA realizaram grandes ações de bombardeio. A marinha dos EUA começou o ataque em novembro de 1944 com seis destróeires e quatro cruzadores pesados, que atacaram por uma manhã inteira e repetiram a operação em intervalos regulares até fevereiro, enquanto, em 8 de dezembro, B-24s e B-25s começaram um ataque que duraria 72 dias antes de atingir o auge na manhã de 19 de fevereiro, com um ataque de 120 aviões, que derrubaram gás napal pela ilha. A partir de então, os bombardeios assumiram a forma de uma tenebrosa barreira de armamentos pesados de sete couraçados, quatro cruzadores pesados e três leves.

Quatrocentas a cinquenta embarcações da 5ª Esquadra estavam na praia no início da manhã de 19 de fevereiro, com 482 aviões de vários tipos levando os homens de oito batalhões de fuzilaria naval. Pelos primeiros vinte minutos, os fuzileiros encontraram apenas resistência esporádica e, aparentemente, totalmente desorganizada. Mas, conforme avançaram para o topo de uma duna de areia, foram alvos de fogo concentrado de metralhadoras camufladas e morteiros. Uma chuva mortal de metal varreu a praia. A operação mais custosa da história da Corporação dos Fuzileiros Navais dos EUA tinha começado.

FORTALEZA IWO JIMA

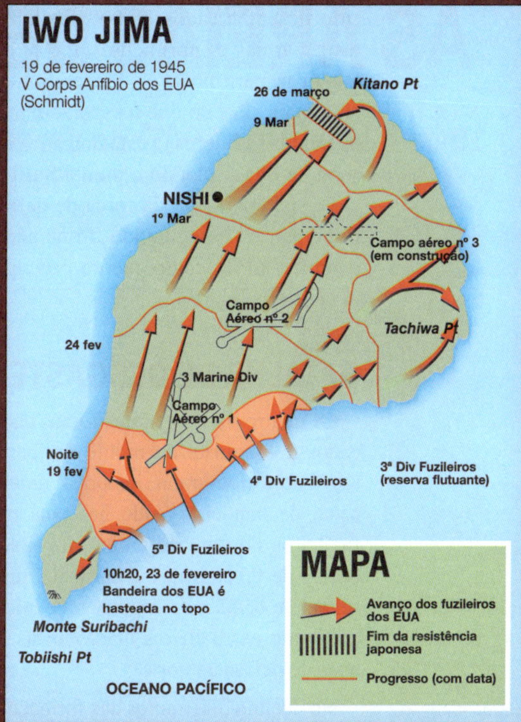

A pequena ilha de Iwo Jima era de suma importância por causa dos seus campos aéreos. Nas mãos dos EUA, eles iriam permitir que caças escoltassem os bombardeiros B-29 em ataques ao Japão. Os japoneses tinham plena consciência disso e sua guarnição era bem equipada e teve bastante tempo para preparar suas defesas.

SOB FOGO

Em questão de segundos, o choque da repentina aparição dos japoneses fez os fuzileiros paralisarem onde estavam, mas logo em seguida o treinamento e a realidade da situação os trouxeram de volta à ação. Eles não podiam ficar onde estavam e não podiam voltar por onde tinham vindo, pois, apesar das balas que castigavam a praia, os LCVs ainda estavam vencendo o mar, e as de companhias de apoio ainda estavam na praia assegurando as cabeças-de-ponte.

Pura pressão fez os soldados líderes avançarem para fora do turbilhão na direção das posições defensivas japonesas mais próximas, algumas das quais foram destruídas, deixando outras para os colegas que os seguiam. Em menos de uma hora, eles tinham expandido a cabeça de ponte para 800 m. Sete batalhões completos de fuzileiros estavam na praia com seus equipamentos essenciais, e patrulhas de avanço tinham atingido os limites do principal campo aéreo. Outra patrulha estava a caminho no oeste. Ao fim do dia, haviam sido desembarcados 30.000 fuzileiros e suas armas e suprimentos, e eles estavam lá para ficar. As baixas tinham sido mais altas do que o esperado, mas os membros líderes já estavam atravessando a ilha, isolando o monte Suribachi e sua guarnição da força de defesa principal, e assegurando firmemente o limite sul do campo aéreo principal para os americanos.

BATALHA DE DESGASTE

Os quatro dias seguintes foram dedicados à conquista do monte Suribachi (a famosa fotografia histórica americana, da bandeira sendo hasteada por fuzileiros no topo do monte, foi tirada em 23 de fevereiro), e a partir daí uma selvagem batalha de degaste teve início conforme os fuzileiros atacavam as linhas de defesa ao norte.

No décimo dia, muitas das formações americanas já tinham sido reduzidas à metade de suas forças e, embora a 3ª Divisão de Fuzileiros Navais tivesse conseguido desembarcar, ela logo se viu bloqueada por uma verdadeira rede de posições defensivas. Em uma área de 915 m de largura e 200 m de profundidade, havia 800 abrigos lotados de defensores — cada um dos quais, foi revelado depois, tinha feito um juramento de matar pelo menos dez americanos.

Apenas no 18º dia depois do dia D, as primeiras patrulhas de fuzileiros atingiram a parte nordeste da ilha, e, a partir de então se tornou, possível a divisão da área ainda em mãos japonesas em pequenas porções para se conquistar cada porção até destruir completamente a defesa. Na noite de 25 para 26 de março, os últimos defensores lançaram um ataque 'Banzai' final contra seus atacantes e, na manhã seguinte, os corpos dos 300 devotados servos do imperador que conduziram o ataque se amontoavam na entrada de sua última posição. Nessa altura, os primeiros bombardeiros B-29 tinham pousado na pista aérea principal da ilha e, no fim de março, esquadrões de P-51s voavam para assumir o papel de escolta dos bombardeiros pesados que atacavam o Japão. A conquista de Iwo Jima foi um passo importante para a derrota do Japão, mas custou aos fuzlieiros 6.821 mortos e o triplo de feridos. Dos 23.000 japoneses que estavam na ilha quando os primeiros desembarques aconteceram, apenas 216 foram feitos prisioneiros, a maioria gravemente feridas. Iwo Jima tinha uma área de cerca de 25 km². Foram necessários 72 dias de bombardeio aéreo, três dias de ataques navais concentrados e 36 dias de uma batalha amarga de infantaria para conquistá-la. Quanto tempo (e a que custo?) se levaria para conquistar o Japão em si com esses mesmos métodos?

↓21 de fevereiro – a sinistra corcova do monte Suribachi vista da cabeça de ponte dos EUA. O topo foi conquistado dois dias depois, mas muitos japoneses permaneceram dois dias depois, mas muitos japoneses permaneceram na montanha, em um labirinto de cavernas e túneis.

AS AREIAS DE IWO JIMA
CRONOLOGIA

19 de fevereiro de 1945: no dia mais sangrento da história da Corporação dos Fuzileiros Navais dos EUA, duas divisões de fuzileiros atacam a ilha fortificada de Iwo Jima.

1944

15 DE JUNHO
Aviões dos EUA começam os bombardeios a Iwo Jima.

1945

19 DE FEVEREIRO
Os soldados das 4ª e 5ª Divisões de fuzileiros dos EUA (a 3ª Divisão estava na reserva) rumam para Iwo Jima seguidos por um bombardeio naval maciço, além de incríveis 72 dias de bombardeios preliminares contínuos. O desembarque aparenta não encontrar oposição, mas depois de cerca de 20 minutos um feroz poder de fogo começa a ser direcionado contra as cabeças-de-ponte dos EUA enquanto os defensores se recuperam.

20 DE FEVEREIRO
O primeiro dos três campos aéreos da ilha cai diante do avanço contínuo dos fuzileiros, embora cada metro do progresso custe muitas vidas. No extremo sul da ilha, soldados da 5ª Divisão de fuzileiros se engajam em uma terrível batalha para liberar o monte Suribachi.

21 DE FEVEREIRO
Ataques aéreos de camicases japoneses contra navios dos EUA resultam no naufrágio do porta-aviões Bismarck Sea e em danos ao porta-aviões Saratoga.

← Um soldado dos EUA comunga em meio ao chão dinamitado de Iwo Jima. Antes do conflito, a ilha era praticamente desabitada, mas se tornou uma das áreas mais densamente povoadas do planeta durante os 36 dias de duração da batalha.

23 DE FEVEREIRO
O monte Suribachi é capturado, e o fotógrafo Jim Rosenthal imortaliza o evento com a famosa imagem de soldados dos EUA hasteando a bandeira dos EUA no topo. A batalha para liberar a ilha inteira, no entanto, continuará até 24 de março.

24 DE FEVEREIRO
A 3ª Divisão de fuzileiros desembarca em Iwo Jima. A segunda pista aérea é tomada pelos soldados dos EUA. Nessa altura da batalha, os fuzileiros tinham ocupado metade da ilha, avançando apenas 6,4 km em cinco dias contra pesada resistência.

25 DE FEVEREIRO
A 3ª Divisão de fuzileiros começa uma ofensiva para liberar o centro da parte norte de Iwo Jima. São necessários três dias para o objetivo ser atingido.

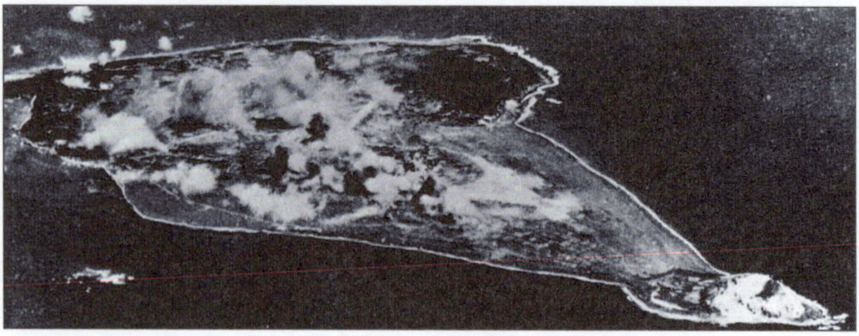

→ Fotografia de um reconhecimento aéreo de Iwo Jima. A ilha quase não tem vegetação e a tradução do seu nome — ilha do Enxofre - é um indicativo da sua natureza inóspita.

↓ Um soldado do 7º Pelotão de Cães de Guerra, 25º Regimento da 4ª Divisão de Fuzileiros, dorme em uma cova enquanto seu cachorro - Butch - faz a vigia. Cachorros eram geralmente usados para missões de guarda e para farejar soldados e unidades inimigas na selva. Os cachorros precisavam ter um sistema nervoso excepcional para suportar os barulhos constantes da batalha na ilha.

2 DE MARÇO

O último campo aéreo é conquistado pelos Aliados. Cerca de um terço da ilha ainda permanece em mãos japonesas. Cada posição japonesa é defendida até a morte, e a batalha por Iwo Jima quase não registrou sobreviventes entre os 22.000 homens na guarnição. De 2 para 3 de março, os fuzileiros realizam um ataque noturno e surpreendem os defensores da montanha 362A, um ponto defensivo essencial.

8 DE MARÇO

Algumas unidades japonesas organizam um contra-ataque contra os 23º e 24º Batalhões. O contra-ataque é repelido e mais de 600 japoneses são mortos.

26 DE MARÇO

Iwo Jima finalmente fica livre da resistência japonesa depois de 36 dias de batalha. A operação originalmente estava prevista para durar apenas 14 dias.

EVENTOS INTERNACIONAIS

1945

20 DE FEVEREIRO

As instalações atômicas dos EUA em Oak Ridge, Tennessee, finalmente produzem urânio (U-235) suficiente para fazer uma bomba atômica.

22-23 DE FEVEREIRO

Soldados americanos cruzam os rios Saar e Roer, avançando no território alemão. Na frente Oriental, o Marechal Zhukov, do Exército Soviético, conquista a cidade de Poznan, na Polônia.

25 DE FEVEREIRO

Tóquio é devastada por um ataque de 172 bombardeiros B-29 Superfortress de longo alcance.

5 DE MARÇO

Como um ato final de desespero, Hitler ordena o alistamento de todos os rapazes acima de 16 anos para o serviço militar.

10 DE MARÇO

Um ataque bombardeio colossal de 279 B-29 Superfortresses contra Tóquio deixa 80.000 mortos.

24 DE MARÇO

Forças soviéticos no rio Oder, na Alemanha, se preparam para lançar a ofensiva final para conquistar Berlim. No oeste, forças dos EUA e da Inglaterra, sob o comando de Patton e Montgomery, respectivamente, cruzam o Reno.

O CAMINHO PARA MANDALAY
TRIUNFO EM BURMA

Perseguir os japoneses durante as monções de Burma era um pesadelo, mas o 14º Exército inglês estava determinado a terminar o trabalho.

Ao fim de agosto de 1944, os exaustos e famintos sobreviventes do 15º Exército japonês voltavam de Imphal e Kohima para a relativa segurança da parte oeste do rio Chindwin. Eles foram seguidos, não de muito perto, pelos homens do 14º Exército, do Tenente-General Sir William Slim, o ritmo lento ditado em grande parte pelas terríveis condições depois de três meses de monção. Grandes trechos de cada estrada ou caminho haviam sido levados pelas semanas de contínua chuva torrencial; apenas jipes conseguiam passar pelo terreno. Cargas de armas a alimentos eram levadas por mulas ou carregadas por homens que não usavam uma roupa seca desde junho.

Em setembro, uma diretiva foi determinada pelo Almirante Lorde Louis Mountbatten, Comandante Supremo Aliado, no sudeste da Ásia: a frase inicial dizia que 'seu objetivo é conquistar totalmente Burma o mais rápido possível'. Quando essas ordens foram transmitidas para Slim, ele decidiu que poderia atingir esse objetivo com uma simples conquista: deveria destruir o Exército Japonês de Burma, agora comandando pelo Tenente-General Hoyotaro Kimura, que tinha a reputação de ser um dos mais brilhantes líderes militares japoneses.

A área em que seria melhor enfrentar o Japão era, na opinião de Slim, entre os rios Chindwin e Irrawaddy, provavelmente no grande estreito do Irrawaddy em Myinmu – Sagaing –, Mandalay. Para concretizar esse plano, ele enviou a 19ª Divisão Indiana para atravessar o Chindwin em Sittaung e seguir por Pinlebu para Indaw, para então rumar ao sul pelo lado oeste do Irrawaddy para Shwebo. Ao sul, a 2ª Divisão Inglesa e a 20ª Divisão Indiana cruzariam o Chindwin em Kalewa, seguiriam para o sudeste na direção de Monywa e então iriam além de Myinmu. Os japoneses seriam, então, encurralados, depois de uma retirada longa e difícil, tendo o Irrawaddy bloqueando o caminho de fuga, com 1,6 km de largura e por meio do qual seus suprimentos e reforços eram enviados.

↑ Soldados japoneses atravessam o Chindwin – os japoneses sabiam que uma ofensiva inglesa era iminente e enfrentavam o problema de defender o contorno de um rio.

Em 4 de dezembro, o lado norte avançava e, em 15 de dezembro, as unidades de frente da 19ª Divisão Indiana estavam em Indaw, prontas para seguirem para o sul. Nessa altura, Slim percebeu que precisaria mudar de plano. Kimura não o enfrentaria na curva de Mandalay, pois já estava recuando suas forças, presumidamente para proteger os campos de petró-

BURMA LIBERTADA

Usando sua iniciativa, o Major-General Rees fez a 19ª Divisão Indiana atravessar o rio Irrawaddy em Thabeikkyin em 11 de janeiro. A ação desviou a atenção dos japoneses para o norte de Mandalay e o golpe falso em Myinmu realmente convenceu os japoneses de que o principal ataque inglês era direcionado a Mandalay. Eles foram completamente enganados.

leo de Yenangyaung e os campos de arroz vitais na foz do Irrawaddy. O novo plano de Slim é considerado um dos momentos mais ousados da guerra; ele certamente se mostrou espetacularmente eficiente. Reunindo toda a IV Corporação, exceto pela 19ª Divisão Indiana já direcionada para descer o lado oeste do Irrawaddy de Indaw, Slim transferiu a Corporação para Kalemyo e dirigiu a brigada de frente (a 28ª Divisão do Leste Africano) por Gangaw, Tilin e Pauk, na direção do Irrawaddy, perto de Pakokku. Atrás deles, deveria vir a 7ª Divisão Indiana, mas uma ideia da complexidade do processo pode ser tida pelo fato de que entre o início e o fim da divisão, enquanto ela avançava, havia uma distância de 240 km de estrada, na qual tinham que trafegar não apenas os homens e os meios de transporte das três brigadas, mas também tranportadores carregando tanques e grandes equipamentos de construção de pontes: onde quer que fosse o ponto de passagem, o rio teria pelo menos 800 m de largura.

CRUZANDO O IRRAWADDY

Foi um magnífico feito da engenharia, tornado ainda mais impressionante pelo fato de que foi realizado rápido e permaneceu escondido dos japoneses até o último minuto. O principal objetivo de Slim era o centro de comunicação e abastecimento japonês entre Meiktila e Thazi, sem o qual o grupo de exército de Kimura não poderia existir. Durante janeiro e a primeira metade de fevereiro de 1945, todos os esforços foram direcionados para dar a impressão de que o alvo mais importante era Mandalay. Apesar das incríveis dificuldades, em 1º de fevereiro o 14º Exército se aproximava a 320 km do banco do rio e os japoneses não tinham ideia do que estava acontecendo.

Pequenas cabeças-de-ponte já haviam sido asseguradas ao longo do Irrawaddy no norte em Thabeikkyin e Singu pelas 19 Divisão Indiana e 2ª Divisão Inglesa, para passar a impressão de ameaçar Mandalay; a Divisão Indiana chegou a Pauk em 26 de janeiro para ameaçar tan-

→ Armado com quatro armas de 20 mm e desenvolvido com tanques de combustível de longo alcance, o Hawker Hurricane Mk IIC foi usado muito efetivamente em Burma. A campanha em Mandalay dependia da superioridade aérea, que impedia os movimentos estratégicos dos japoneses e permitia que os grupos de frente ingleses seguissem sem se preocupar com seus flancos.

to Pakokku quanto Seikpyu e, ao mesmo tempo, a 20ª Divisão Indiana avançou para Monywa e em Myinmu.

Em 13 e 14 de fevereiro, depois de maciços ataques aéreos e de artilharia que surpreenderam completamente os japoneses, brigadas de ataque avançaram pelo rio Ngazun, ao oeste de Mandalay, e em Nyaungu, sudoeste de Pakkoku. Como o primeiro ataque aparentava ser maior que o segundo, as desconfianças japonesas de que Mandalay era o alvo principal foram confirmadas — e todas as reservas correram para a região.

Em 18 de fevereiro, uma nova divisão (a 17ª Divisão Indiana) e uma brigada de tanques tinham ultrapassado as fronteiras da Índia para a cabeça de ponte em Nyaungu e, três dias depois, despontaram na estrada para Meiktila. Eles foram seguidos pela 7ª Divisão Indiana, enquanto a 20ª Divisão Indiana, ao norte, gradualmente apertou a batalha contra os japoneses em Ngazun, que foram forçados a trazer mais reforços — enfraquecendo, assim, as defesas em Meiktila. Ao mesmo tempo, a 19ª Divisão Indiana se deslocava ao sul na direção de Mandalay para tomar suas cabeças-de-ponte. Em 4 de março, depois de uma das batalhas mais ferozes da campanha, a 17ª Divisão Indiana tomou Meiktila; no dia seguinte, todo o lado leste do rio Irrawaddy foi assegurado pelo 14º Exército, e Mandalay caiu em 20 de março. A parte central de Burma agora estava livre do controle japonês — mas centenas de corpos de soldados japoneses mortos davam evidência não só da dedicação deles, mas também da ferocidade das batalhas.

↑ Vitória à vista – sob o excepcional comando do Tenente-General Slim, o 14º Exército infligiu a maior derrota que o exército japonês já sofreu em uma campanha por terra.

← Membros da 11ª Divisão Sikhs em ação – em 1945, o exército indiano conseguiu reunir mais de 2,5 milhões de homens. Apenas um pequeno número de indianos lutou pelos japoneses.

O CAMINHO PARA MANDALAY

CRONOLOGIA

A campanha Aliada para retomar Burma começou logo após a bem-sucedida defesa de Imphal e Kohima em julho de 1944. Forças japonesas ao redor de Mandalay foram progressivamente superadas por forças Aliadas, que dispunham de melhores linhas de abastecimento e reforços, além de talentosos líderes.

↑ Suprimentos são lançados para a Divisão Africana no vale Kaledan, na frente de Arakan. Embora munição e arroz fossem os principais produtos entregues, outros pacotes incluíam centenas de capas de chuva, essenciais para evitar que os soldados morressem de exposição às intempéries durante as monções.

1944

19 DE NOVEMBRO

A Operação Extended Capital tem início, uma tentativa de forças Aliadas conquistarem a capital de Burma, Mandalay. De posições a sudeste de Imphal, a XXXIII Corps inglesa segue para Mandalay pelo rio Chindwin, enquanto a IV Corps inglesa toma a direção sul pelo vale de Gangaw, avançando para o centro de comunicação em Meiktila, ao sul de Mandalay, onde os japoneses que recuavam poderiam ser emboscados.

4 DE DEZEMBRO

XXXIII Corps avança para cruzar o Chindwin e estavelecer várias cabeças-de-ponte. Ao mesmo tempo, a 19ª Divisão Indiana avança ao norte para Baunmauk de posições em Sittaung, agindo como uma distração ao norte para atrair as forças japonesas para longe de Mandalay.

15 DE DEZEMBRO

A 19º Divisão Indiana se encontra com as forças dos EUA comandadas pelo General Joseph Stilwell em Banmauk, o ponto mais ao norte da Operação Extended Capital.

← Membros da infame infantaria dos EUA conhecida como 'Merrill's Marauders' ('Marotos de Merrill') dão uma pausa para limpar suas armas e permitir que as mulas comessem enquanto esperam por uma entrega aérea da 10ª Força Aérea dos EUA.

1945

11 DE JANEIRO

A diversionista 19ª Divisão Indiana, agora seguindo ao sul para a direção de Mandalay ao longo do contorno do Irrawady, encontra grande resistência do 33º Exército japonês enquantro atravessa o Irrawaddy em Thabeikkyin.

12-13 DE FEVEREIRO

XXXIII Corps e IV Corps atravessam o Irrawaddy, a IV Corps em Nyaungu e Pakkokku a cerca de 160 km ao sudoeste de Mandalay, e a XXXIII Corps em Ngazun, a apenas 48 km ao oeste da capital.

17 DE FEVEREIRO

A 17ª Divisão Indiana, a 255ª Divisão Indiana de Tanques e a 7ª Divisão Indiana atacam das cabeças-de-ponte da IV Corps em Nyaungu, na direção de Meiktila.

3 DE MARÇO

Meiktila cai diante das unidades indianas. O 15º Exército japonês contra-ataca vigorosamente pelo resto do mês.

20 DE MARÇO

Mandalay é conquistada pela XXXIII Corps. A resistência dos japoneses na cidade é relativamente leve, pois muitas unidades estavam no sul, contra-atacando as posições Aliadas em Meiktila, mas ainda há muitos focos de combate urbano – 1.472 soldados Aliados são mortos.

29 DE MARÇO

São realizados ataques dos 15º e 33º Exércitos japoneses conforme a ameaça Aliada de Mandalay se torna maior. Os japoneses começam a se retirar para o sul.

2-3 DE MAIO

A 26ª Divisão Indiana realiza um desembarque anfíbio ao sul de Rangum em 2 de maio e, no dia seguinte, conquista a cidade sem encontrar oposição (a guarnição japonesa tinha abandonado a cidade no dia 2). A guerra em Burma acaba efetivamente, com a exceção de alguns combates localizados com unidades japonesas em retirada.

EVENTOS INTERNACIONAIS

1944

7 DE DEZEMBRO

Forças inglesas na Grécia livre entram em combate novamente em Atenas, dessa vez contra um levante comunista do Exército da Libertação Nacional (ELAS).

31 DE DEZEMBRO

A Hungria declara guerra à Alemanha depois que forças russas nos Bálcãs estabelecem um novo Governo Nacional Húngaro Provisório.

1945

17 DE JANEIRO

Varsóvia cai diante do Exército Vermelho depois de uma ofensiva de cinco dias.

31 DE JANEIRO

O navio alemão Wilhelm Gustloff é torpedeado por um submarino na costa da Prússia Oriental. Mais de 6.000 refugiados alemães a bordo do navio se afogam.

16 DE FEVEREIRO

Budapeste é tomada por forças soviéticas.

5 DE ABRIL

O primeiro-ministro do Japão, General Kuniaki Koiso, se demite. Seu substituto é o Almirante Baron Kantaro Suzuki, que detém um histórico de diplomacia antiguerra.

12 DE ABRIL

Os generais dos EUA Eisenhower, Bradley e Patton invadem o campo de concentração Buchenwald. Eles não conseguem acreditar nos horrores que testemunham.

↓ Um soldado japonês ferido é levado ao hospital cirúrgico portátil dos EUA para tratamento para depois ser questionado por oficiais da inteligência

OKINAWA
FIM DE UM IMPÉRIO

A ilha de Okinawa é o penúltimo alvo dos Aliados antes da invasão do próprio Japão. A marinha imperial japonesa realiza uma tentativa desesperada de salvá-la.

↑ Um tanque lançador de chamas queima o caminho para avançar. Embora os soldados dos EUA usassem toda a arma possível no ataque a Okinawa, a única maneira de liberar uma posição era um soldado ir na frente, com a arma em mãos.

No início de 1º de abril de 1945, o 10º Exército dos EUA, comandado pelo Tenente-General Simon Bolivar Buckner, começou a desembarcar na ilha de Okinawa – a principal ilha do grupo Ryukyu, com 106 km de comprimento e entre 4,8 e 16,1 km de diâmetro. A operação foi o maior ataque anfíbio realizado no Pacífico e envolveu quase 550.000 homens, incluindo 180.000 soldados de combate. Ataques de porta-aviões contra campos aéreos japoneses em Kyushu em meados de março deixaram as instalações em ruínas e destruíram cerca de 500 aeronaves, assegurando, assim, pouca interferência nos desembarques. Apenas uma leve oposição enfrentou as forças dos EUA nos primeiros dias, a localização da guarnição japonesa permanecendo um mistério até o dia 5 de abril, quando ficou claro que a parte sul de Okinawa tinha sido fortificada. Escondidos em uma formidável rede de abrigos e trincheiras, estavam cerca de 85.000 soldados japoneses comandados pelo Tenente- General Mitsuru Ushijima. Parte da força era composta por recrutas novos, mas os principais membros eram a veterana 62ª Divisão, trazida de volta da China.

OKINAWA: A ÚLTIMA ILHA

Com Okinawa detinha uma base aérea, os bombardeios dos EUA ao Japão seriam ainda mais efetivos. Sabendo do potencial da ilha como um "porta-aviões" impossível de afundar, os japoneses destacaram os veteranos da 62ª Divisão para Okinawa, e o comandante não tinha dúvida de sua missão. A luta pela ilha foi selvagem, no esquema corpo a corpo, com as posições japoneses bem localizadas e camufladas.

FORÇA DE ATAQUE ESPECIAL

A batalha de infantaria por Okinawa mal tinha começado quando a Marinha Imperial Japonesa lançou sua maior operação da guerra, uma missão camicase em grande escala, envolvendo o magnífico couraçado Yamato. Aproveitando o títolo de 'Força de Ataque Marinha Especial', o Yamato, um cruzador e uma força de destróieres foram destacados em uma viagem sem volta para Okinawa, onde deveriam prejudicar os americanos o máximo possível antes de sua inevitável destruição. Yamato era o maior e mais poderoso couraçado de todos os tempos, com quase 70.000 toneladas quando completamente carregado, com tripulação de 2.500 oficiais e armado com nove armas de 460 mm com alcance de 41.150 m e mais de 150 armas para a artilharia antiaérea. Voando com a bandeira do Vice-Almirante Ito, ele partiu em 6 de abril, acompanhado pelo cruzador leve Yahagi e oito destróieres. Os submarinos dos EUA avistaram o monstro quando ele passava por Kyushu, antes de entrar no mar da China Meridional. Aeronaves de reconhecimento localizaram o navio de novo na manhã de 7 de abril, e 380 aviões foram enviados da Força-Tarefa 58. Nuvens baixas e chuva se mostraram uma inconveniência para os aviões, mas Yamato não tinha cobertura de caças e os bombardeiros conseguiram realizar o ataque sem interrupções. O couraçado gigante recebeu seus atacantes com a artilharia antiaérea e manobras ousadas para lutar por sua vida. Os aviões dos EUA cercaram o monstruoso navio, acertando tiro após tiro, mas o Yamato absorvia as balas sem qualquer efeito aparente. Gradualmente, no entanto, ele começou a ir mais devagar e o volume do fogo lançado contra os bombardeiros diminuiu notavelmente; enquanto isso, sua pequena escolta tinha perdido qualquer traço de formação: quatro dos destróires foram afundados e Yahagi afundou às 14h. Meia hora depois, as tentativas desesperadas de contra-ataque não conseguiram mais adiar o fim, e Yamato tombou e afundou. O navio explodiu e uma coluna alta de fumaça de 320 km marcou o túmulo de um poderoso navio e quase toda sua tripulação.

O fracasso heroico dessa última tentativa foi seguido por uma selvagem série de ataques aéreos de camicases contra os navios dos EUA, enquanto os soldados de Ushijima teimosamente lutavam por cada metro de sua ilha. Em 19 de abril, Buckner orquestrou um ataque concentrado para causar um buraco nas defesas japonesas, mas o ataque falhou, com quase 1.000 baixas. Pelo resto do mês e em maio, o 10º Exército se bateu contra a linha 'Shuri' em uma rotina de bombardeios colossais seguidos por ata-

← Bunker Hill – mesmo que representassem um gesto de desespero lastimável, os camicases foram uma grande ameaça para a marinha americana, que sofreu muitas baixas por causa deles.

ques desesperados contra bloqueios e abrigos bem localizados e fanaticamente defendidos. Embora os americanos soubessem que a taxa de baixas estava bastante ao seu favor, considerando que os membros de cada posição japonesa eram mortos homem por homem, as baixas dos EUA também se acumulavam de modo alarmante. Parecia que uma conclusão finalmente seria conseguida, mas chuvas torrenciais paralisaram a operação por quase uma semana. Tirando vantagem do tempo, Ushijima reuniu suas unidades sobreviventes e começou a se retirar para o sul. Uma tentativa americana de atacar a retaguarda japonesa foi reprimida. Os japoneses ocupavam novas posições no sul de Okinawa e se preparavam para uma última luta.

RITUAL SUICIDA

O 10º Exército avançou para o último estágio da batalha e assumiu a missão de atacar as posições japonesas. Finalmente, em 17 de junho, a guarnição japonesa foi dividida em três bolsões cercados, não mais capazes de uma defesa coerente, e alguns dos recrutas mais novos começaram a se render. Buckner transmitiu uma mensagem para Ushijima pedindo para que ele parasse a luta e salvasse a vida dos soldados sobreviventes, já que o fim era inevitável. Ironicamente, o próprio Buckner foi morto no dia seguinte quando uma bomba japonesa explodiu e o atingiu com lascas letais de coral enquanto ele inspencionava o 8º pelotão de fuzileiros. Ushijima só viveu uma semana a mais do que ele, pois cometeu um ritual suicida com seu chefe de equipe depois de mandar um último relatório para Tóquio. 'Nossa estratégia e equipamentos foram usados ao máximo e nós lutamos bravamente… mas ainda não foi nada perto do poder material do nosso inimigo'. Sua afirmação estava perfeitamente correta: o Japão estava condenado.

↓ Yamato, era a sensação em couraçado em todos os sentidos: 70.000 ton de armamento com grande resistência. Mas sua jornada pra Okinawa foi um gesto fútil e fatalista.

OKINAWA
CRONOLOGIA

Okinawa – a principal ilha do grupo Ryukyu do Japão – foi o foco da última grande campanha na guerra do Pacífico – e uma das mais sangrentas. Mais de 12.500 soldados americanos perderam a vida, comparados a 137.500 japoneses que lutaram até a morte.

→ Prisioneiros japoneses feridos são colocados em um caminhão com a ajuda de moradores locais de Okinawa. O número de civis mortos na ilha foi maior do que as baixas militares.

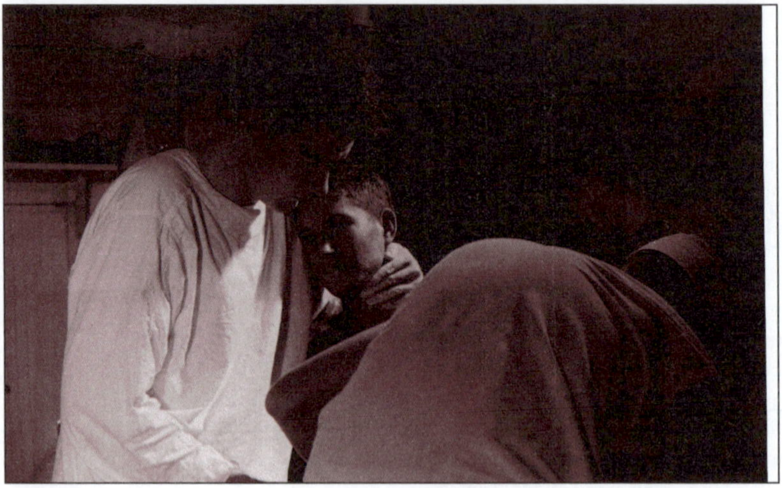

1945

24-31 DE MARÇO
A marinha e a força aérea dos EUA bombardeiam Okinawa por mais de uma semana para diminuir as defesas japonesas para os desembarques. Mais de 30.000 bombas navais atingem a área.

24 DE MARÇO
A 77ª Divisão de Infantaria ocupa as ilhas Kerama, ao sudeste de Okinawa.

1º DE ABRIL
Duas divisões de fuzileiros e duas divisões do Exército dos EUA desembarcam no lado sudoeste de Okinawa, perto de Hagushi. Os desembarques praticamente não encontram oposição – a guarnição japonesa, comandada pelo General Mitsuru Ushijima, está mais para o interior da ilha, entrinchada entre a estrutura rochosa da ilha.

6 DE ABRIL
A batalha pela ilha é intensa. A 1ª e a 6ª Divisão de fuzileiros tentam avançar ao norte da ilha, enquanto a 7ª e a 96ª Infantaria se dedicam a assegurar o sul montanhoso.

6-10 DE ABRIL
Aviões camicases japoneses começam grandes ondas de ataque suicidas contra a frota dos EUA em Okinawa. O couraçado japonês Yamato

← Uma delegação japonesa sobe a bordo do Missouri para assinar a rendição oficial japonesa em 2 de setembro de 1945, trazendo o conflito global de seis anos ao fim.

– o maior couraçado já construído – também faz uma viagem sem volta para Okinawa, com a intenção de causar o caos nas operações anfíbias dos EUA. O navio é afundado por um ataque aéreo na tarde de 7 de abril. Durante a campanha em Okinawa, 34 embarcações dos EUA são afundadas, muitas por ações camicases.

10-11 DE ABRIL

A 27ª Divisão de Infantaria desembarca e domina a ilha de Tsugen, na costa leste de Okinawa.

13 DE ABRIL

Os fuzileiros atingem o ponto mais ao norte de Okinawa, Hedo.

16-21 DE ABRIL

A 77ª Divisão de Infantaria dos EUA conduz uma campanha de cinco dias para conquistar Ie Shima, ilha da Península de Motobu.

19 DE ABRIL

Forças dos EUA atacando ao sul da ilha fazem os japoneses recuar na direção de Naha.

20 DE ABRIL

A península de Motobu, um promotório maciçamente defendido a oeste de Okinawa, é libertado da resistência japonesa.

4-27 DE MAIO

Um grande contra-ataque japonês ao sul da ilha estabelece uma linha defensiva de Naha, na costa oeste, a Yonabaru, na costa leste. A linha é submetida a constantes e ferozes ataques dos EUA durante maio. Finalmente, em 27 de maio, Naha é tomada pelas forças dos EUA, que avançam até o extremo sul da península de Orouku.

22 DE JUNHO

O embate caminha para o fim em Okinawa. Ushijima comente suicídio.

EVENTOS INTERNACIONAIS 1945

23-24 DE MARÇO

Forças dos EUA comandadas pelo General George Patton atravessam o rio

Reno perto de Nierstein em 23 de março. No dia seguinte, os ingleses, canadenses e as outras unidades, sob comando de Montgomery, atravessam o rio a 160 km para o norte, perto de Wesel.

28 DE MARÇO

Eisenhower ordena que os comandantes ingleses e americanos permitam que os soviéticos conquistem Berlim e que eles não arrisquem suas vidas correndo para a capital alemã.

11 DE ABRIL

O centro alemão de desenvolvimento de armas em Nordhausen cai em mãos Aliadas. Os Aliados começam a deslocar a tecnologia para o oeste para evitar que ela caia em mãos russas.

12 DE ABRIL

O presidente dos EUA Franklin Roosevelt morre aos 63 anos.

16 DE ABRIL

Forças soviéticas começam o ataque final a Berlim.

28 DE ABRIL

Hitler ordena a execução de Heinrich Himmler depois de escutar que Himmler fez sondagens sobre acordos de paz com os Aliados. Himmler escapou da sentença porque Hitler suicidou-se dois dias depois.

30 DE ABRIL

A capital alemã cai diante do exército soviético depois de uma batalha que custou a vida de 300.000 russos. Adolf Hitler comete suicídio.

↓ Um soldado americano ferido em Okinawa tem suas feridas tratadas por médicos da marinha americana. A campanha de Okinawa foi imensamente custosa aos EUA – 12.5000 soldados foram mortos.

APÊNDICES

Contingente militar mobilizado por cada uma das nações em guerra 1939-45

País		Início da guerra	Fim da guerra	Número máximo*	Total
[Colchetes = número estimado]					
Albânia		13.000	n/d	n/d	n/d
Austrália	Forças Armadas	91.700	575.100	n/d	993.000
	Exército	82.800	380.700	n/d	727.200
	Força Aérea	3500	154.500	n/d	216.900
	Marinha	5400	39.900	n/d	48.900
Bélgica		600.000	650.000	n/d	[900.000]
Bulgária		160.000	450.000 (com soviéticos)	n/d	1.011.000
Canadá	Forças Armadas	63.100	759.800	n/d	1.100.000
	Exército	55.600	474.000	n/d	690.000
	Força Aérea	3100	193.000	n/d	222.500
	Marinha	4400	92.800	n/d	99.400
China		2.500.000 (1939)	5.000.000	5.700.000	14.000.000
Dinamarca		6600	n/d	n/d	n/d
Finlândia	1939-40	127.800	200.000	n/d	n/d
	1941-44	400.000	270.000	n/d	n/d
França	Set. 1939	900.000	n/d	n/d	n/d
	1940	2.680.000	n/d	n/d	n/d
	1943-44 Itália	15.000	98.000	113.000	160.000
	1944-45 Norte da Europa Ocidental	n/d	437.000	n/d	n/d
Alemanha	Forças Armadas	3.180.000	7.800.000	9.500.000	17.900.000
	Exército (Waffen SS entre parênteses)	2.730.000 (30.000)	6.100.000 (800.000)	6.500.000	n/d
	Força Aérea	400.000	1.000.000	2.100.000	n/d
	Marinha	50.000	700.000	800.000	n/d
Grécia	Out. 1940	430.000	n/d	n/d	n/d
	Abr. 1941	540.000	n/d	n/d	n/d
Hungria		80.000 (1939)	210.000	n/d	n/d
Índia	Forças Armadas	197.000	2.159.700	n/d	2.581.800
	Exército	194.900	2.100.000	n/d	2.500.000
	Força Aérea	300	29.200	n/d	52.800
	Marinha	1800	30.500	n/d	29.000
Itália	Forças Armadas	1.899.600	n/d	n/d	9.100.000
	Exército	1.630.000	n/d	2.563.000	n/d
	Força Aérea	101.000	(Maio 43) 200.000	n/d	n/d
	Marinha	168.600	(Set. 43) 259.100	n/d	n/d
Japão	Forças Armadas	1.700.000	7.200.000	n/d	9.100.000
	Exército	1.500.000	5.500.000	n/d	n/d
	Marinha	200.000	1.700.000	n/d	n/d
Holanda		270.000	400.000	n/d	400.000
Nova Zelândia	Forças Armadas	13.800	192.800	n/d	n/d
	Exército	11.300	157.000	n/d	n/d
	Força Aérea	1200	c. 27.000	n/d	n/d
	Marinha	1300	5800	n/d	n/d
Noruega		25.000	n/d	n/d	[90.000]

*Citado apenas quando é significantemente diferente das colunas anteriores.

CONTINUAÇÃO >>>

Polônia	1939	1.200.000	250.000	n/d	[2.400.000]
	1943-45 Itália	8600	50.000	n/d	n/d
	1944-45 Norte da Europa Ocidental	28.000	n/d	n/d	n/d
	1941-45 Frente Oriental	30.000	n/d	n/d	200.000
Romênia	1941-44	686.000	1.225.000	n/d	n/d
	1944-45 Exército Vermelho	n/d	370.000	n/d	539.000
África do Sul	Forças Armadas	n/d	n/d	n/d	250.000
	Exército	18.000	n/d	198.000	208.000
	Força Aérea	1.000	n/d	n/d	38.000
	Marinha	n/d	n/d	n/d	4000
Reino Unido	Forças Armadas	681.000	4.683.000	n/d	5.896.000
	Exército	402.000	2.931.000	n/d	3.778.000
	Força Aérea	118.000	963.000	1.012.000	1.185.000
	Marinha	161.000	789.000	n/d	923.000
EUA	Forças Armadas	5.413.000	11.877.000	n/d	16.354.000
	Exército (sem incluir EUAAF)	4.602.000	5.851.000	n/d	n/d
	Força Aérea	354.000	2.282.000	n/d	11.260.000
	Marinha	382.000	3.288.000	n/d	4.183.000
	USMC	75.000	456.000	n/d	669.000
URSS	Forças Armadas	9.000.000	12.400.000	13.200.000	n/d
	Exército	2.900.000	6.000.000	n/d	n/d
	Força Aérea	n/d	n/d	n/d	n/d
	Marinha	n/d	n/d	266.000	n/d
Iugoslávia	1941	150.000	n/d	n/d	[1.500.000]
	1941-45 Guerrilheiros (Dez)	(Dez.) 2.000	800.000	n/d	n/d

Baixas civis e militares das nações em guerra 1939–45

País	População	Nº de Membros	MEA/DEA*	FEA**	PDG***	Total MEA/DEA****	TBC*****
Albânia	1.100.000	n/d	n/d	n/d	n/d	n/d	n/d
Austrália	6.900.000	1.340.000	29.400	39.800	26.400	69.200	n/d
Bélgica 1940	8.300.000	650.000	7500	15.900	200.000	234.000	12.000
Exilados		3.500	500	n/d	n/d	n/d	n/d
Bulgária com Eixo	6.300.000	n/d	n/d	n/d	n/d	n/d	50.000 Mortos, inc. 40.000 Judeus
com russos		500.000	32.000		n/d	32.000	
Canadá	11.100.000	1.100.000	39.300	532.000	9000	92.500	n/d
China	450.000.000	14.000.000	1.400.000	1.800.000	n/d	n/d	8.000.000
Tchecoslováquia (exilados)	10.300.000	c. 5000	n/d	n/d	n/d	n/d	215.000 mortos
Dinamarca	3.800.000	6.600	n/d	n/d	n/d	n/d	1000 mortos
Finlândia Guerra do Inverno	3.800.000	n/d	24.900	43.600	n/d	78.500	3400 mortos
1941-44		n/d	65.000	158.000	n/d	223.000	
França 1940	42.000.000	c. 4.000.000	92.000	250.000	1.450.000	342.000	470.000
exilados		c. 600.000	c. 30.000	c. 85.000	6500	c. 115.000	
Alemanha	78.000.000 (1938)	17.900.000	3.250.000	4.606.600	n/d	7.856.600	2.050.000 mortos por aliados, 300.000 por alemães
Grécia	7.000.000	n/d	18.300	60.000	n/d	78.300	415.000 mortos (260.000 de fome)
Hungria	10.000.000 (1938)	n/d	136.000	c. 250.000	n/d	c. 386.000	300.000
Índia	359.000.000	2.582.000	36.100	64.300	79.500	100.400	n/d
Itália	43.830.000	n/d	226.900	n/d	n/d	n/d	60.000 mortos
Japão	72.200.000	9.100.000	1.740.000	94.000	41.000	1.834.000	393.400 mortos. 275.000 feridos ou desaparecidos
Holanda 1940	8.700.000	400.000	2.900	6.900	n/d	9.800 (inc. Ásia)	150.000 Mortos ou desaparecidos
Exilados		n/d	10.800	n/d	n/d	n/d	
Nova Zelândia	1.600.000	n/d	12.200	19.300	8500	31.500	
Noruega	2.900.000	25.000	2000	n/a	n/a	n/a	3.800 mortos
Polônia 1939	34.800.000	1.200.000	66.300	133.700	787.000	200.000	4.800.000 mortos em campos. mais 500.000 outros
na Europa Ocidental		cerca de 90.000	4500	13.000	n/d	27.500	
com russos		200.000	pelo menos 40.000		n/d	pelo menos 40.000	
Romênia com Eixo	19.600.000 (Dez 1937)	n/d	381.000	243.000	n/d	624.000	340.000 mortos
com russos		540.000	170.000		n/d	170.000	
África do Sul	10.000.000	250.000	8700	14.400	14.600	23.100	n/d
Reino Unido	47.500.000	5.896.000	305.800	277.100	172.600	582.900	146.800
EUA	129.200.000	16.354.000	405.400	670.800	139.700	1.076.200	n/d
URSS	194.100.000	c. 30.000.000	11.000.000	n/d	c. 6.000.000	n/d	6.700.000
Iugoslávia	15.400.000	n/d	Total de mortes iugoslavas 1941-45: de 1.5 a 1.7 milhão				

* Mortos/Desaparecidos em ação
** Feridos em ação
*** Prisioneiros de guerra
**** Total de mortos/feridos em ação
***** Total de baixas civis

Baixas militares das principais nações em guerra 1939-45

País	Serviço	Nº. de homens	MEA/DEA*	FEA**	PDG***
EUA	Exército	c. 7.900.000	165.800	574.300	79.800
	Força Aérea	c. 3.400.000	54.700	17.900	40.200
	Marinha	4.183.000	36.900	37.800	n/d
	Fuzileiros	669.000	19.600	67.200	n/d
URSS	Forças não disponíveis	n/d	n/d	n/d	n/d
Reino Unido	Exército	3.778.000	177.800	239.600	152.076
	Força Aérea	1.185.000	76.300	22.800	13.100
	Marinha	923.000	51.600	14.700	7400
Alemanha	Exército	13.000.000	1.622.600	4.188.000	1.646.300
	Força Aérea	3.400.000	294.900	216.600	n/d
	Marinha	1.500.000	149.200	25.300	n/d
Japão	Exército	6.300.000	1.562.000	85.600	41.500
	Marinha	2.100.000	414.900	8900	

Baixas do Exército em grandes campanhas 1939-45

Campanha	Nacionalidade	MEA/DEA*	FEA**	PDG***
Polônia	Poloneses	66.300	133.700	787.000
	Alemães	13.110	27.280	n/d
	Russos	900	n/d	n/d
Dinamarca/Noruega	Dinamarqueses	n/d	n/d	n/d
	Noruegueses	2.000	n/d	n/d
	Alemães	3.692	1.600	n/d
França 1940	Holandeses	2.890	69.000	n/d
	Belgas	7.500	15.850	200.000
	Franceses	120.000	250.000	1.450.000
	Ingleses	11.010	14.070	41.340
	Alemães	43.110	111.640	n/d
	Italianos	1.250	4.780	n/d
Bálcãs 1.941	Iugoslavos	n/d	n/d	n/d
	Gregos	19.000	70.000	n/d
	Alemães	3674		n/d
	Italianos	38.830	50.870	n/d
Frente Oriental	Russos	c. 11.000.000	n/d	c. 6.000.000
	Alemães	2.415.690	3.498.060	n/d
	Italianos	84.830	30.000	n/d
	Romenos (Alemães)	381.000	243.000	n/d
	Romenos (Russos)	17.000	n/d	n/d
	Húngaros	136.000	c. 250.000	n/d
	Poloneses	pelo menos 40,000		n/d
	Búlgaros	32,000		n/d
Deserto Ocidental	Ingleses	c. 7.000	n/d	n/d
	Indianos	1.720	3.740	9.750
	Australianos	3150	8320	9250
	Neozelandeses	6.340	32.870	8.520
	Sul-Africanos	2.100	3.930	14.250
	Alemães	12.810	n/d	} 266.600
	Italianos	20.720	n/d	
Tunísia	Americanos	3.620	9.250	4.640
	Ingleses	6.230	21.260	10.600
	Indianos	Somados no Deserto ocidental		n/d
	Neozelandeses	Somados no Deserto ocidental		n/d
	Franceses	Total de baixas militares = 12,920		n/d
	Alemães	Somados no Deserto ocidental		n/d
	Italianos	Somados no Deserto ocidental		n/d
Itália	Americanos	29.560	82.180	7.410
	Ingleses	89,440		n/d
	Indianos	4.720	17.310	46
	Canadenses	5.400	19.490	1.000
	Neozelandeses	Incluído no Deserto Ocidental		n/d
	Poloneses	2.460	8.640	n/d
	Sul-Africanos	710	2.670	160
	Franceses	8.660	23.510	n/d
	Brasileiros	510	1.900	n/d
	Alemães	59.940	163.600	357.090

CONTINUAÇÃO >>>

Norte da Europa Ocidental	Americanos	109.820	356.660	56.630
	Ingleses	30.280	96.670	14.700
	Canadeses	10.740	30.910	2.250
	Franceses	12.590	49.510	4.730
	Poloneses	1160	3840	370
	Alemães	128.030	399.860	7.614.790
Pacífico	Americanos	55.060	162.230	30.000
	Japoneses	685.230	n/d	37.280
Sul da Ásia	Ingleses	5.670	12.840	53.230
	Indianos	6.680	24.200	68.890
	Africanos	860	3.210	200
	Australianos	1.820	1.370	18.130
	Americanos	3.650	2.600	680
	Japoneses	210.830	n/d	3.100
China	Chineses	Total de baixas militares = 3,211,420		n/d
	Japoneses	388.600	n/d	1.060

* Mortos/Desaparecidos em ação
** Feridos em ação
*** Prisioneiros de guerra

Produção anual de Aliados e Eixo de tanques e armas de autopropulsão 1939–45

Nação	1939	1940	1941	1942	1943	1944	1945	Total
EUA	n/d	331	4052	24.997	29.497	17.565	11.968	88.410
URSS	2.950	2.794	6.590	24.446	24.089	28.963	15.419	105.251
Reino Unido	969	1.399	4.841	8.611	7.476	4.600	n/d	27.896
Canadá	n/d	n/d	n/d	n/d	n/d	n/d	n/d	5.678
Total Aliados	3.919	4.524	15.483	58.054	61.062	51.128	27.387	227.235
Alemanha	247	1.643	3.790	6180	12.063	19.002	39.32	46.857
Itália	40	250	595	1.252	336			2.473
Hungria	n/d	n/d	n/d		c.500		n/d	c.500
Japão	n/d	315	595	557	558	353	137	2.515
Total do Eixo	287	2.208	4.980	7.989	12.957	19.355	4.069	c. 52.345

Forças alemãs e russas de veículos armados na Frente Oriental 1941–45

Datas	Alemães	Russos
Jun 41	3.671	28.800
Mar 42	1.503	4.690
Maio 42	3.981	6.190
Nov 42	3.133	4.940
Mar 43	2.374	7.200
Ago 43	2.555	6.200
Jun 44	4.470	11.600
Set 44	4.186	11.200
Out 44	4.917	11.900
Nov 44	5.202	14.000
Dez 44	4.785	15.000
Jan 45	4.881	14.200

Forças navais na entrada da guerra

	Portas-aviões	Couraçados	Cruzadores	Detróieres	Escoltas	Submarinos
Austrália	n/d	n/d	6	n/d	7	n/d
Brasil	n/d	2	2	13	n/d	4
Canadá	n/d	n/d	n/d	6	n/d	n/d
China	n/d	n/d	6	n/d	n/d	n/d
Dinamarca	n/d	2	1	n/d	n/d	12
Finlândia	n/d	2	n/d	n/d	n/d	5
França	1	7	19	70	n/d	77
Alemanha	n/d	5	6	12	n/d	57
Grécia	n/d	n/d	2	10	n/d	6
Índia	n/d	n/d	n/d	n/d	5	n/d
Itália	n/d	2	22	59	n/d	115
Japão	10	10	36	113	n/d	63
Holanda	n/d	n/d	5	8	n/d	21
Nova Zelândia	n/d	n/d	2	n/d	n/d	n/d
Noruega	n/d	n/d	n/d	8	n/d	5
Polônia	n/d	n/d	n/d	4	n/d	5
Romênia	n/d	n/d	n/d	4	n/d	n/d
Reino Unido	8	12	50	94	87	38
EUA (partir 12/1941)	8	17	36	171	n/d	112
URSS	n/d	2	2	47	n/d	75
Iugoslávia	n/d	n/d	2	3	n/d	4

Produção naval anual de Eixo e Aliados (unidades)

Nação	Tipo de embarcação	1939	1940	1941	1942	1943	1944	1945	Total
EUA	Porta-aviões	n/d	n/d	n/d	18	65	45	13	141
	Couraçados	n/d	n/d	n/d	4	2	2	n/d	8
	Cruzadores	n/d	n/d	1	8	11	14	14	48
	Destróieres	n/d	n/d	2	82	128	74	63	349
	Escoltas	n/d	n/d	n/d	n/d	298	194	6	498
	Submarinos	n/d	n/d	2	34	55	81	31	203
Reino Unido	Porta-aviões	n/d	2	2	n/d	2	4	4	14
	Couraçados	n/d	1	2	2	n/d	n/d	n/d	5
	Cruzadores	3	7	6	6	7	2	1	32
	Destróieres	22	27	39	73	37	31	13	240
	Escoltas	5	109	87	71	79	55	7	413
	Submarinos	7	15	20	33	39	39	14	167
URSS	Porta-aviões	n/d	n/d	n/d	n/d	n/d	n/d	n/d	n/d
	Couraçados	n/d	n/d	n/d	n/d	n/d	n/d	n/d	n/d
	Cruzadores	n/d	n/d	n/d	n/d	n/d	n/d	n/d	2
	Destróieres	n/d	n/d	n/d	n/d	n/d	n/d	n/d	25
	Submarinos	n/d	n/d	n/d	n/d	n/d	n/d	n/d	52
Canadá	Porta-aviões	n/d	n/d	n/d	n/d	n/d	n/d	n/d	n/d
	Couraçados	n/d	n/d	n/d	n/d	n/d	n/d	n/d	n/d
	Cruzadores	n/d	n/d	n/d	n/d	n/d	n/d	n/d	n/d
	Destróieres	n/d	n/d	n/d	n/d	n/d	n/d	n/d	n/d
	Escoltas	n/d	n/d	n/d	n/d	n/d	n/d	n/d	191
	Submarinos	n/d	n/d	n/d	n/d	n/d	n/d	n/d	n/d
Total Aliados	Porta-aviões	n/d	2	2	18	67	49	17	155
	Couraçados	n/d	1	2	6	2	2		13
	Cruzadores	3	7	7	14	18	16	15	82
	Destróieres	22	27	41	155	165	105	76	814
	Escoltas	5	109	87	71	377	249	13	1102
	Submarinos	7	15	22	67	94	120	45	42
Alemanha	Porta-aviões	n/d	n/d	n/d	n/d	n/d	n/d	n/d	n/d
	Couraçados	n/d	n/d	n/d	n/d	n/d	n/d	n/d	n/d
	Cruzadores	n/d	n/d	n/d	n/d	n/d	n/d	n/d	n/d
	Destróieres	n/d	2	5	3	7	n/d	n/d	17
	Submarinos	58	68	129	282	207	258	139	1.141
Itália	Porta-aviões	n/d	n/d	n/d	n/d	n/d	n/d	n/d	n/d
	Couraçados	n/d	2	1	n/d	n/d	n/d	n/d	3
	Cruzadores	n/d	2	3	1	n/d	n/d	n/d	6
	Destróieres	n/d	n/d	n/d	6	n/d	n/d	n/d	6
	Submarinos	n/d	2	7	10	3	n/d	n/d	28
Japão	Porta-aviões	n/d	n/d	1	6	4	5	n/d	16
	Couraçados	n/d	n/d	1	1	n/d	n/d	n/d	2
	Cruzadores	n/d	n/d	n/d	4	3	2	n/d	9
	Destróieres	n/d	n/d	n/d	10	12	24	17	63
	Submarinos	n/d	n/d	n/d	61	37	39	30	167
Total do Eixo	Porta-aviões	n/d	n/d	1	6	4	5	n/d	16
	Couraçados	n/d	2	2	1	n/d	n/d	n/d	5
	Cruzadores	n/d	2	3	5	3	2	n/d	15
	Destróieres	n/d	2	5	19	19	24	17	86
	Submarinos	58	70	136	353	253	297	169	1.337

Perdas navais das principais nações em guerra 1939–45

País		Porta-aviões	Couraçados	Cruzadores	Destróieres	Escoltas	Submarinos
(Parênteses = navios perfurados para afundar)							
EUA	Total	11	2	10	71	10	53
	no Pacífico	10	2	10	56	5	49
Reino Unido	Total	8	5	30	110	58	77
	no Mediterrâneo	2	1	19	45	19	41
URSS	n/d	n/d	1	3	33	n/a	c.100
Austrália	n/d	n/d	n/d	3	4	2	n/d
Canadá	n/d	n/d	n/d	n/d	6	11	n/d
Japão	n/d	19	8	37	134	n/d	130
Alemanha	n/d	n/d	9 (3)	7 (3)	44 (6)	n/d	785 (17)
Itália	n/d	n/d	1	11	84	n/d	84

Porcentagem das embarcações mercantis afundadas das principais nações em guerra

Causa	Nação	1939	1940	1941	1942	1943	1944	1945	Total
Submarinos	Aliados	55,8	54,8	50,1	80,4	80,3	74	64,2	68,1
	Eixo no Med.	n/d	26,8	41	47,5	29,7	n/d	n/d	n/d
	Japoneses	n/d	n/d	56,5	59,8	76,2	64,1	19,9	54,8
Aviões	Aliados	0,4	14,5	23,5	10	13,2	11,5	10,1	13,4
	Eixo no Med.	n/d	21,8	26,1	39,2	36,5	n/d	n/d	33,2
	Japoneses	n/d	n/d	30,1	24,6	18,5	31,7	41,7	30,8
Minas	Aliados	34,8	12,8	5,3	1,3	3,4	9,2	21,3	6,5
	Eixo no Med.	n/d	20,2	10,6	6	3,8	n/d	n/d	7,2
	Japoneses	n/d	n/d	n/d	2,8	0,3	0,9	33,3	n/d
Superfície	Aliados	8,1	12,8	11,2	5,1	2,5	3,3	2,3	7,3
	Eixo no Med.	n/d	11,4	13,7	3,1	3,3	n/d	n/d	6,7
	Japoneses	n/d	n/d	n/d	5,3	0,2	0,4	0,4	0,9
Outros	Aliados	0,9	5,1	9,9	3,2	0,6	2	2,1	4,7
	Eixo no Med.	n/d	19,8	8,6	4,2	26,7	n/d	n/d	16,7
	Japoneses	n/d	n/d	22,3	7,5	4,8	2,9	4,7	4,5

Produção anual de aeronaves militares do Eixo e dos Aliados 1939–45 (unidades)

Nação	1939	1940	1941	1942	1943	1944	1945	Total
EUA	5856	12.804	26.277	47.836	85.898	96.318	49.761	324.750
URSS	10.382	10.565	15.735	25.436	34.845	40.246	20.052	157.261
Reino Unido	7940	15.049	20.094	23.672	26.263	26.461	12.070	131.549
Canadá	n/d	n/d	n/d	n/d	n/d	n/d	n/d	16.431
Outros Aliados	n/d	n/d	n/d	n/d	n/d	n/d	n/d	3081
Total Aliado	24.178	38.418	62.106	96.944	147.006	163.025	81.883	633.072
Alemanha	8295	10.826	11.776	15.556	25.527	39.807	7544	189.307
Itália	1692	2142	3503	2818	967	n/d	n/d	11.122
Hungria	n/d	n/d	n/d	6	267	773	n/d	1046
Romênia	n/d	n/d	n/d	n/d	n/d	n/d	n/d	c. 1000
Japão	4467	4768	5088	8861	16.693	28.180	8263	76.320
Total do Eixo	14.454	17.736	20.367	27.234	43.454	68.760	15.807	89.488

Perdas de aviões operacionais e não-operacionais 1939–45

País	Caças	Bombardeiros	Outros	Total
Finlândia	n/a	n/a	n/d	603
França (1940)	508	218	166	892
Alemanha	41.452	30.585	44.547	116.584
Itália	n/d	n/d	n/d	5.272
Japão	n/d	n/d	n/d	50.000
Holanda (1940)	n/d	n/d	n/d	81
Polônia (1939)	116	148	134	398
Reino Unido	10.045	11.965	n/d	22.010
EUA	n/d	n/d	n/d	45.000
URSS	n/d	n/d	n/d	106.652

Produção anual de petróleo cru dos Aliados e do Eixo 1939–45 (toneladas

Nação	1939	1940	1941	1942	1943	1944	1945	Total
EUA	n/d	n/d	n/d	183.9	199.6	222.5	227.2	833.2
URSS	n/d	n/d	33	22	18	18.2	19.4	110.6
Reino Unido	n/d	11.9	13.9	11.2	15.8	21.4	16.6	90.8
Canadá	1	1.1	1.3	1.3	1.3	1.3	1.1	8.4
Total Aliado	n/d	13	48.2	218.4	234.7	263.4	264.3	1.043
Alemanha	3.1	4.8	5.7	6.6	7.6	5.6	n/d	33.4
Alemanha (apenas petróleo Sintético)	2.2	3.2	3.9	4.6	5.6	3.9	n/d	23.4
Itália	n/d	0.01	0.12	0.01	0.01	n/d	n/d	0.17
Hungria	n/d	0.3	0.4	0.7	0.8	1	n/d	3.2
Romênia	n/d	5	5.5	5.7	5.3	3.5	n/d	25
Japão	n/d	n/d	n/d	1.8	2.3	1	0.1	5.2
Total do Eixo	3.1	10.1	11.7	14.8	16	11.1	n/d	67

Impressão e acabamento:
Gráfica Oceano